人与人之间的相处
意味着一个人社会交往的全部
唯有洞悉相处之道
● 才能让人舒服
让人喜欢
●●● 愿意跟随

相处之道

王小丹◎著

中华工商联合出版社

图书在版编目(CIP)数据

相处之道 / 王小丹著. -- 北京：中华工商联合出版社，2024.1
ISBN 978-7-5158-3869-4

Ⅰ.①相… Ⅱ.①王… Ⅲ.①人际关系-通俗读物
Ⅳ.①C912.11-49

中国国家版本馆CIP数据核字(2024)第028223号

相处之道

作　　者：	王小丹
出 品 人：	刘　刚
责任编辑：	胡小英
装帧设计：	金　刚
排版设计：	水京方设计
责任审读：	付德华
责任印制：	陈德松
出版发行：	中华工商联合出版社有限责任公司
印　　刷：	北京毅峰迅捷印刷有限公司
版　　次：	2024年3月第1版
印　　次：	2024年12月第2次印刷
开　　本：	32开
字　　数：	100千字
印　　张：	7.625
书　　号：	ISBN 978-7-5158-3869-4
定　　价：	49.00元

服务热线：010-58301130-0（前台）
销售热线：010-58302977（网店部）
　　　　　010-58302166（门店部）
　　　　　010-58302837（馆配部、新媒体部）
　　　　　010-58302813（团购部）
地址邮编：北京市西城区西环广场A座
　　　　　19-20层，100044
http://www.chgslcbs.cn
投稿热线：010-58302907（总编室）
投稿邮箱：1621239583@qq.com

工商联版图书
版权所有　侵权必究

凡本社图书出现印装质量问题，请与印务部联系。
联系电话：010-58302915

前言
PREFACE

风与云的相遇,可曾途经了山与海的距离?

理想与现实的差距,是否只差一条路的选择,就可以春风化雨?

懂得多少,才能学会与万事万物和谐相处?

懂得了什么,才能方向不误,矢志不移?

成功与失败的关键在哪里?

无数时候,我们都是错了一句,便句句偏离了主题。无数相遇,我们都是错了一步,便步步相距云泥。

茶杯与茶叶的关系之外,还有品茶人的诗心禅意，学好了什么，才能过好我们这一生？今天我就从这本书，开始慢慢梳理。直到说明白自己的领悟，直到理清楚相处的价值和意义。

如果仅仅是我个人的感悟，也不敢班门弄斧，只有从几千年的相处之道出发，解读古圣先贤的智慧，来解开一个重中之重的迷局。

与自己相处，与家人相处，与团队相处，与社会相处，这几个空间维度，就是古人说的修齐治平。

与过去相处，与当下相处，与未来相处，就是古人说的通达人生。

唯有学会和谐相处，才能通达于所有时空。这本书，会从最简单的一个道理，向全面的相处维度展开。尽量说明白，什么是最好的相处之道，学会了相处，能给我们带来什么改变。

一个理想的社会或团队，一个美好的人或家庭，为什么称其为美好？只因他们身处和谐相处之中。

目 录
CONTENTS

第一章　自我相处之道

相处贵在知道　003

解决自身矛盾对抗　007

相反相成　011

逆修身，顺修心　015

自我诊疗　019

第二章　天人相处之道

天人合一　025

负阴抱阳充气以为和　029

顺其自然　033

至人无己　038

第三章　自我修炼之道

天之道不求而得　045

本性自足　049

学以致用　053

无为而成　058

苦中得乐 062

知其白，守其黑 066

道法自然 070

见素抱朴 075

第四章　内心修炼之道1

如如不动 081

全神贯注 085

相处之美 090

少则得，多则惑 094

修行四重关隘 098

永恒的信仰 103

修行无捷径 106

第五章　内心修炼之道2

损有余而补不足 113

破除迷信 117

负阴自然抱阳 121

目 录

负阴抱阳　125
高以下为基　129
六层重要基础认知　133
用否定去肯定　137

第六章　能力修炼之道1

做痛而不苦之人　143
定力的修炼　147
应变能力　151
沉静的力量　155
认识天赋　160

第七章　能力修炼之道2

天道酬勤　167
千锤百炼　171
加速能力增长　175
声色之惑　179
减法中修行　183

长久之计　188

第八章　与人相处之道

知错就改　195

最好的爱　199

体验美妙　203

美好体验　207

沟通要决　211

瞬间深入　215

无限相处模式　220

有之以为利，无之以为用　224

抱一而为天下式　228

后面的话　232

相处之道

CHAPTER ①

第一章

自我相处之道

相处贵在知道

知识与知道的区别,就像我感觉很冷,便多穿衣服,这个就是知识。而知道呢?是除了明白冷可以多穿衣服,还懂得所有的冷都归属于阴性的感觉,除了身体的冷还有心灵的冷,除了自己的冷还有团队的冷,除了解决自己的寒冷,还需要解决某群人的冷。

所以知道就是知阴阳，一阴一阳谓之道。唯有把所有感觉里的阴阳变化，都能够从一到万地理解运用，才算得道之人。

知道的好处，就在于触类旁通，也可以通过修炼达到微妙玄通。

而相处之道，就是阴阳和谐之道。如果我们不能理解万物万事的阴阳关系，就无法和谐相处。

我们在社会上，会接触无数的理论和方法，但无论你学到的是什么方法理论，美好的感受一定是和谐的，美好的团队一定是和谐的，美好的自己一定是和谐的。和谐便是成就一切美好相处体验的根本。

而如何达成和谐状态，便是化解一切争端的根本所在。

根据我们所学所悟，想与所有一切和谐相处，第一要修炼自己的是去甚，去奢，去泰。

去甚，就是去掉过度；去奢，就是去掉贪婪；去泰，就是去掉贪图安逸的享受。

比如在相处之中，过度紧张是不好的，过度追求个人利益是不好的，只要过度，都是对相处不利的。同样，相处时贪婪也是错的，贪图安逸与享受也是错的。

相处之道贵于和谐，和谐的把握贵在严于律己，严于律己的操作重在去甚、去奢、去泰。

《道德经》有言："将欲取之，必固予之。"

之所以要严于律己，就是要把相处从个人的贪婪中解脱出来。人与人相处，之所以要修炼"三去"，目的就是只有全心全意多替对方着想，才能实现长久的和谐共生。

只要人人都献出一点爱，世界将变成美好的人间。歌词中也道出了相处之道的根本。学会严于律己，就是要不断去爱别人，只有会爱别人的人，才能得到别人长久的爱。

人生真正修行的都是付出，付出的前提是自己身心要和谐，只有自己充分和谐自在，才可能修炼付出。

要想学会相处，首先要学会内心与自己的一切相处。下一节就从自我相处出发，谈一谈个人修身的关键。只有修好了自身，才能和谐与他人相处。

解决自身矛盾对抗

相处,包括独处和与他人或事件相处。这个世界,除了自己,剩下的便是他人与事件的集合。

除了人类,几乎所有的生命都没有真正的烦恼。不把大量的烦恼消除,人是不可能投入到当下的生活中去的。

世界上一切问题的存在,都是因为存在着矛

盾。《易经》的理论核心，也指向一阴一阳谓之道。所以解决所有烦恼和问题的关键，就在于抓住问题的主要矛盾，即，观察到主要矛盾。

想化解所有烦恼的主要矛盾，如第一章所说，就要去掉极端矛盾，通过去甚、去奢、去泰，化极端矛盾为和谐矛盾，和谐矛盾就是阴阳和谐，阴阳和谐就是美好自在状态。

个人修身就是修炼这个和谐能力，比如，大家会认为，最好的生活是没有矛盾的，这个观念本身就是极端矛盾的。很多年轻男女谈恋爱，面对的最大考验，就是如何与矛盾相处。没有矛盾的状态是永远不会存在的。比如你越是爱一个人，就越在意，越在意她就会抓得她越紧，抓得她越紧自己就会越累，这样就失去了最开始相处的自在了。于是原本轻松自在的爱，变得越来越矛盾。在这里要认清的是，只要我们不能接受矛盾的存在，就注定会加重我们的极端，导致在矛或盾的一个极端越走越极端。所以正确的把握是，越是爱一个人，越要修炼用不在意去在意她，而不是用在意去在意她。用在意之心去指导在意之念，就会极端，极端就会破坏和谐自在的状态。如果面对任何人与事，都能够用不在意之心行在意之投入去爱，那就能做到，得之我坦然，失之我淡然。

面对人生的荣辱、得失、福祸、喜欢的和不喜欢的，都要用一阴一阳的和谐去把握，这样才能一直保持和谐自在的内心状态。比如，我们偶尔得到了一笔财富，内心就不能去大喜，更不能太得意，因为这一次心随事迁，一定会造成过度阳亢，进而引发过度失落。大喜之后有大悲。

儒、释、道所共同推崇的内心平静，内心如如不动，不以物喜，不以己悲，都是在告诉我们，内心要常静，才能常喜悦自在。

修身就是要让内心不以物喜，不以己悲。只有内心不经常折腾，人生状态这部车子才能开好，开得安稳、自在又长寿。

这一节总结了阴阳和谐是修身的重点，内心保持平静是长久喜乐的前提，承认矛盾（阴阳）是一切事物存在与发展的根本，而解决所有烦恼的核心，在于用否定去肯定对待。由于用否定去肯定对待，特别难以理解把握，所以下一节，就用案例来解读相反相成这个理念。相反相成，就是用否定之意来破肯定之极端。

相反相成

阴阳相克相生,是古老的中国易经智慧,也是同毛主席《矛盾论》中的矛盾原理相合的。这个相反相成,就是来自于《易经》的总结。能够熟悉掌握并运用相反相成的智慧,就可以说等同于"得道"之人。

相处之道,也是成就之道,更是自在之道、和谐之道。因为道就是放之于四海皆可通行的道理，所以学习相处之道，也是在学习达成一切的根本方式。

比如，想感受温暖，就必须以感受寒冷为前提条件。再比如，想感受幸福，就必须以感受到不幸福作为条件。这个必须有的条件总是与我们相要的方向相反。就像想要走路往前进，脚就必须给地面向后的力，这样才能不断前行，这个规律就是相反相成。

一个人执着于爱情的问题，不知道如何解决，如果他懂得相反相成的道理，他就会先学会放下，只有这样才能长久自在地拿得起来！

与自己相处，一个人通常面对的都是因欲望所产生的需求，需要爱情，需要快乐，需要自由，等等，我们感觉到自己的需求很简单，甚至每时每刻都想要更美妙的爱情、更快乐的时光、更自由的生

第一章　自我相处之道

活,可如何实现更快乐、更自由、更美妙呢?

一般人面对这样的问题会说:"去追求啊!"

但不知大家有没有发现,一个不断追求快乐的人,是不能真正快乐的。同样,整天想要更美妙爱情的人,常常处于痛苦之中。也同样,天天追求自由的人,好像总是他最不自由。

这是因为,内心的享受不是来自索取,而是来自付出的过程。老子说:"将欲取之,必固予之。"这个道理就是相反相成。

想要获得长久的爱情,一定不能天天追求爱情的更美妙,而是应该深入理解生活、学习生活;理解你爱的人,向你爱的人学习。只有在学习和付出上下足了功夫,才能自然实现爱情的长久美好。

想要得到长久的快乐也一样,不是天天去找乐子,而是勇于向着不快乐出发,不快乐包括寂寞孤单,包括你不喜欢的一切所遇。只有修炼得可以欣赏所有的不快乐，并能随时随地转化不快乐为快乐，才能长久快乐。

想要得到长久的自由也一样，不是说能天天去旅游就是自由，而是要勇于面对不自由的时光，先接纳躲不开的所有遭遇，然后坦然面对它，理解它，转化不自由为自在。就像很多人所反对的劳动，却有很多人会爱上它，当你喜欢上了它，与它相处就自由了。

人生的根本能力提升，都来自于逆着自私的欲望去修炼，逆修身，顺修心，也正是相反相成的道理。

第一章 自我相处之道

逆修身，顺修心

生命肉体的所有结构，都是在对抗中成就。

生命心灵的所有规律，都是在自在中成就。

人的骨骼是在与外界的对抗中形成，人的形体也注定要在被使用中，才能健康运转，但使用也不能太过度。

人的心灵是自在运行的道，肉体是对抗中运行的器，所以人最好的状态是，心灵自在地支配肉体去工作、生活，去行动，行动累了便休息。

人为什么要工作？工作的本质是劳动，是行动，说工作是最好的修行也不为过，因为工作是付出，没有付出就不会有收获的快乐幸福。工作就是最好的逆修身。大多数人的问题是，心灵不认可工作，导致心不顺而不能投入工作。

所以，想达到顺修心、逆修身的身心和谐运行，必须认可人类的工作，然后认可自己的工作，这样才能让心顺，让肉体在吃苦中得乐。

《菜根谭》中说："静中静非真静，动处静得来，才是性天之真境；乐处乐非真乐，苦中乐得来，才是心体之真机。"这段话的意思是，身心都在静中是无法得到长久的静的，应该是身体在动中，而又能让心灵得以宁静，这才是性天之真境；身心都在乐中是无法得到长久的乐的，应该是身体在苦中，而又能让心灵得以快乐，这才是心体之真机。

古往今来的智者，都懂得顺其心、逆其身修炼的好处。所以说内心的长久幸福，是通过奋斗得来的。

让身体常常去工作，去付出，去奋斗，才能让心灵长久自在。只是贪图身心享乐，是不可能真正得到享乐的。

逆修身落实到每一天，就是好好学习，好好生活和工作；顺修心就是认可好好学习、好好生活和工作。这是修行的第一步，即从爱上生活、工作开始。

爱上当下的生活和工作，说起来容易，做起来都很难。难度在于，我们不认可逆修身，例如，很多人能躺着就不坐着，能吃肉就不吃青菜，能玩游戏就绝不去运动，能闲着就绝不去干活，这就是不认可逆修身带来的难题。我们想一想，一个懒得出奇的人，可能获得长久的幸福快乐吗？

《道德经》有言：圣人去甚、去奢、去泰。

去泰，就是要去掉贪图安逸的懒。

古人讲的天道酬勤，就是要勤于逆修身，只有这样才能让心灵自在而至大顺。

人的所有能力，都是在顺心而为中快速成就的，只有心气顺了才能投入于生活和工作，只有投入于生活和工作，才能越做越好，才能让我们的能力得到提升。只有人的能力不断提升，才能过上更自在的生活。

相处之道，就是相反相成之道，就是逆身顺心的修行之道。如果第一步，我们能做到认可当下的工作和生活，我们就算入了道门。接下来，就推开这扇门，看一看相处之道，展开更加博大精深的智慧和世界。

自我诊疗

身体发生了病痛,都知道应该治疗。心灵发生了不自在,也应该治疗。

一个精通于感受的人,不用去医院拍片,也能通过舒服不舒服,来检测到自己身体的毛病。同样,一个精通于感悟的人,不用去求助他人,自己也可以通过体会内心的自在不自在,来检测自己心灵的毛病。

　　心灵的毛病体现为内心的烦恼，而任何病症的本质问题都是阴阳不调，或叫作阴阳的极端运行，去其极端就能够去除病症。调和极端到和谐状态，是恢复身体健康和精神健康的根本原理。

　　中医去病之道，叫作调和阴阳之道。无论是借助药物还是推拿针灸，无论是通过调和心理还是治于未病，一定是发现了阴阳运行的极端，才能对症下药的。

　　在日常生活与工作中，要掌握自我诊疗的道理，时时处处能够自我去病，才能走在正确的修行和谐相处之道上。

　　比如，工作时间久了，会出现肩膀酸疼，这时应该换个姿势活动活动，或用手推拿肩部，避免长期气血淤塞形成病患。同样，心灵感受到难过、不自在时，也要用负阴抱阳的方法，马上调和阴阳两

第一章 自我相处之道

极，去其极端，不然久而久之，小病便成为大的心病。

自我诊疗的核心在于，能够识别阴阳的极端运行，反映在身体上就是身体哪里难受，反映在心灵上就是哪里出现了烦恼。

迅速排除病患，是维护身心健康的必备常识。我们很多人误解国学，认为国学不科学，我则认为，古代国学对内心的了解程度，远超过当代科学，比如《道德经》，完全可以用作人身心健康的使用手册来读，只不过要悟很多年，才能读懂。

内心时时刻刻要保持清静，就像身体要保持健康一样。保持身心和谐运行，就要学会和谐相处之道，这也是我所以要写这本书的初心。

相处之道

CHAPTER ②

第二章

天人相处之道

天人合一

天人合一，这里的天指除了人这个我之外的一切。每个人的内心都有个小我，这个小我叫我，同时，还有个大我，那个大我叫天，也叫大道。

世人常说，要从小我走向大我，从小爱走向大爱，就是要达到天人合一的智慧和与一切和谐相处的状态。

相处之道 | XIANGCHU ZHI DAO

  与自己相处，其实一定包括与万事万物相处。面对风云雨雪的四时天气，面对形形色色的人际关系，面对功名利禄的诱惑挑战，想让自己长久自在，就一定要学会自在面对一切。

  学会与一切相处，要达到天人和谐，前提条件是忘我投入于相处之中。不能活在当下去体会，就不能真正地投入生活与工作，不能投入生活和工作，就不可能体会到事我合一的感受。

  一个人如果经常投入于当下的互动，就会很少烦恼。投入工作才能做好工作，投入于所有遇见，才能更深地体会一切，体会一切的美好，就是体会天人合一。

  经常能够事我合一，就可以更会相处。在物我合一之中，人是忘我的。大家可以回忆一下，是不是忘我投入之时，才是最幸福快乐的？

  一只蝴蝶的样子，不是为了它自己而生成的，

第二章 天人相处之道

蝴蝶的样子，是天下的一切和它共同造成的，所以蝴蝶能够融合于天下亿万年。

同样，每个人的存在，也是天下的一切和他共同造化的，所以我们要通过付出获得一切满足。

人生只需要修炼付出的能力，修炼好了，自然会得到回报。一只蜜蜂之所以能采到花蜜，也是因为同时它为花朵授了粉。

没有付出就没有收获，会学是付出的前提条件。学习的重要性，就是因为不会付出的后果，就算你用心是好的，但如果你不会付出，也可能导致害人的结果。

我们团队提出的会学、会爱、会服务，就是在理解天人合一的基础上，总结出的人生理念。

天人一体，物我一体，事我一体，不要因为过度自私妨碍了付出。为了更好地服务他人，我们要去掉过度自私，去全心全意投入于成全他人的事业。

相处之道 | XIANGCHU ZHI DAO

　　整个国家是一个整体，人类是一个整体，天下万物是一个整体，这个整体无始无终地存在着，贯穿于所有的整体规律，是阴阳相克相生的大道。学习相处之道，就是要服务更大的整体，通过去掉过度，让更大的整体内部更和谐美好。

　　天人合一，是老祖先对世界一体性的理解。只有我们处处能感觉到这个一体性，才能忘我地投身于服务他人的事业。只有通过付出，才能修炼好我们的相处能力。唯有学好了相处，才能得到大自在。

负阴抱阳充气以为和

老子有言:"道生一,一生二,二生三,三生万物。万物负阴而抱阳,冲气以为和。"

上一章说一切是一个整体,就是道生一,这里的生,是是的意思;一生二,二是阴阳;三生万物,三指的是二的能力,即阴阳的能力表现,就是世间万物。

万物负阴抱阳充气以为和，是指万物都是用负阴抱阳的能力，在不断和谐中存续发展的。

什么是负阴抱阳？负是承载，抱是得到，负阴抱阳可以解读为，承载不好的、得到好的。看似简单的道理，要想在诸多方面予以应用，却需要修炼。

与自己相处，我们一定能够感觉到自己的不足，也能感觉自己的足，这个不足叫阴，这个足叫阳。什么是能力提升？就是接纳和正视自己的不足，去修补不足之处，自然而然，就得到了更好的能力。

与他人相处，也一定会在对方身上发现足与不足，先接纳他目前的不足，通过互动补他的不足，就实现了相处的和谐美好。如果没有对方的不足，就没有我们互动的必要。

所有的不足，都是足的前提条件，发现不足并补充它使其成为足，就是负阴抱阳充气以为和。

如果万物不存在不足，就不会有生物链，如果人每时每刻没有不足，就不可能有理想和行动。

饿就是营养不足的反映，渴就是水不足的反映，要发现不足、接纳不足，才能真正有效地补不足。老子说："天之道，损有余而补不足。"讲的就是天地万物负阴抱阳的道理。

负阴抱阳充气以为和，是所有生命的根本能力。比如，该怎样识别一个人的根本能力呢？就是要看他负阴的能力和抱阳的能力。负阴的能力是一个人面对不如意时的从容淡定能力，我们可以通过看他目光中的定力来认识；一个人抱阳的能力，就是他的变化能力，也就是他在与人互动中的灵动性，也可以通过他的目光去观察。只有这两种能力都很强的人，修为才很高。不然要么偏于灵动而无定力，要么有定力而不灵动，都很难担当大任。

相处之道 | XIANGCHU ZHI DAO

修炼相处之道，一要提升定力，二要提升灵动能力，这两者就是负阴抱阳充气以为和的能力，这个能力就是老子所说的三，通过这个三可以认识和使用一切事物。

负阴抱阳还有无数个维度的应用，比如做事时，内心要静如止水，内心处静叫负阴，负好了阴，自然行动自在。

负好了阴，自然就抱好了阳。比如太多人天天都在追求爱情的美妙，我们可以设想，当一个人内心处在追求的疯狂之中，如何能体会爱的美妙呢？所以，越是想要什么，内心越要放下，通过行动去实现你要的，而不是内心去时刻追求。

内心是清静的负阴状态，才能让行动充分拥抱所有的人与事。负阴抱阳充气以为和，是人内心的根本能力，要充分认识它，因为它就是自我的根本。

顺其自然

自古以来，无数人都在说顺其自然，甚至很多人认为顺其自然就是减少人为，或者认为顺其自然就是不思进取，这是对顺其自然特别大的误解。

据我所学，顺其自然就是顺其大道而为，什么是大道呢？大道就是负阴抱阳的和谐之道，所以顺其自然即是负阴抱阳而达成和谐。

相处之道 | XIANGCHU ZHI DAO

什么样的人能做到顺其自然而为呢？当然是得道之人。

一个年轻人，充满了自私自利的想法，父母劝他好好工作，他把他的懒散叫作顺其自然。其实他那样懒下去，就会感觉身心不自在，而不自在就是不自然。

在上面的章节说过，顺其大道而行，就要去甚、去奢、去泰。

由于人心能感受到的美好的状态是和谐，所以修行就是去掉极端。比如吃得多就会极端，喝得多了也会极端，同样享乐多了也会极端。人与人相处，过于亲近可能让人觉得腻，过于远离可能让人觉得冷。让人感觉不极端的相处状态，就是人感受中的和谐自在状态。

在日常生活与工作中，如何做到顺其自然呢？

用不重视去重视，用不珍惜去珍惜，用相反去相成，用负阴去抱阳，用有余去补不足，用矛去应对盾，用盾去对付矛。用最轻松的态度去珍惜眼前人，用最放松的心态去认真工作，用最不在乎的心态去认真对待感情。

这样的把握方式，就是自在而为，也就是顺其自然。

由于没有懂得这个道理，所以太多人越认真对待一个人，就演变成了较真；越珍爱一个人，就演变成了捆绑、伤害。根据这个相反相成的道理，我们可以懂得的还有更多。

比如一朵花开放的过程，根据相反相成的道理，那一定是它外在表现旺盛的过程，同时也是内在衰弱的过程，是内在把里面的盛开表现了出去，内在的盛开机制也因为花开得灿烂，开始关闭。

人生也是如此，没有人更多地得到什么，你觉得谁得到的更多，那只是看起来多，对于个人体验而言，我们永远处在相反相成的大道之中，也就是按照这样的运转方式，个人体验中唯一可修行提升的，是去极端的能力。

大智慧的人，不是得到了更多，而是去其极端，他不要那个极端的乐，也就没有极端的悲。老子说："宠辱若惊，贵大患若身。"意思是，遇见好事和坏事，对于平常人都会造成大惊，如果你特别追求好事的大惊，就像去主动重视并追求身患一场大病一样。正因为如此，古人才要修炼宠辱不惊，只有宠辱不惊，才能一直处于平静的喜悦状态，这个平静的喜悦叫静美。只有处在长久的和谐之美中，才不受颠倒之苦。

在日常生活中如何检测自己是否做到顺其自然了呢？方法特别简单：心灵运行如果出现了烦恼，就证明心灵的运行出现了极端错误，这时就需要修正自己的错误想法；身体方面，如果身体出现了痛苦,就证明那个痛的地方出现了极端错误,就需要通过休息或治疗来恢复自在自然。

只要顺其自然,就证明没有处于极端,顺其自然就是顺其自在而为。有人说我就觉得赖在床上看手机自在,那是因为你看的时间不够长,懒的时间不够长,如果你天天躺着,就会出现心里极端难受、身体无力的症状。

顺其自然就要去甚、去奢、去泰,这是千古不变的长久生存之道。

而相处之道的修炼,重在顺修心、逆修身。逆身而修方能去泰,顺心而为方能去甚、去奢,懂得顺其自然,就能够在更顺心中去逆修此身。

至人无己

　　凡是认为这个世界上存在一个真实的自我的人,都不是真的明白。这就是老子所说,自见者不明。

　　人是不能通过自见理解和认识自己的,就是因为,我们感觉的自我,都是认知切割出来的,其实人与万物,不存在绝对和真正的界线,一切是一个整体，而且是混然不分的整体，这才是真正的事实。

所有的区别要达到统一的理解，才不偏激。所有的具体瞬间，都是整体长久之中的。

为什么古人说穷则独善其身，达则兼济天下？因为人与天下是一，而不是完全对立的二，所以从长久上看，给别人越多，自己得到的就越多，道理是一样的。看起来我们每个人都是以索取为目的满足自我，其实也同时是在付出的过程中满足自我，这个自我总是被用在一切之中，所以真正的小我也只是人区别出来的概念。

除了人之外，动物和植物都几乎不存在自我的强烈意识，所以动植物没有大多数人那样的烦恼，庄子和惠子关于"子非鱼"的辩论，其实庄子是对的，鱼的乐也是庄子的乐，叫自在之乐。庄子为什么常常是逍遥自在的呢？因为他懂得神人无功、圣

相处之道 | XIANGCHU ZHI DAO

人无名、至人无己的道理。

至人无己,是说一个人明白通达,懂得了世界上没有一个东西是真正的我。所谓的我,是一个社会角色,是在一个点上发生的体验,我是名,而不是实,真实的自我的全部是道,全部是一切本身。

正是因为本质上无我,所以我的体验相当于剧情中的角色,我们要投入地演好这个角色,演好了叫德配其位,演不好叫德不配位。

正是因为本质无我,所以才不能过度执着自我,当更大整体需要我们奉献的时候,我们应该勇于奉献自己的一切,只要家国需要,甚至可以付出生命去为国为民献身。

母亲为了孩子可以不要自我,烈士为了人民和国家利益可以牺牲自我,祖先为了后代传道授业解惑,这些都是通过奉献自我的方式,实现的大我。

老子说以其无私成其私,就是指通过奉献自我的方式，实现的是自我的大自在。

越是执着于自我之私，越不利于做人做事，想实现自己体验的和谐美好，一定要永远走在付出的路上。

以身为天下，才能更理解天下。人生想无惑，必经之路就是一定要从有我走向无我的理解，一定要从特别自私走向更无私。

庄子说："神人无功，圣人无名，至人无己。"神人是能力超强的人，他因为不在乎功，反而修出了超强能力；圣人是天下的名人，他因为心中不追求有名反而成就了有名；同样，至人通过无私奉献反而成就了做人做事的通达无我。

一个人如果能够忘我地工作，就会成果显著、没有烦恼；一个人如果无我的执着，就会处处自然自在。

从有我走向无我的方式，就是古往今来修行

者，唯一可行的道路。

与人相处也就是与自我相处，与自我相处也就是与所有一切相处。融合于一切的和谐状态，就是天人合一状态，也就是至人无己的逍遥自在状态。

相处之道

CHAPTER ③

第三章

自我修炼之道

天之道不求而得

我每天最行之有效的修行理念，就是四个字——不求而得。在这个到处讲追求的时代，我用这四个字作指导，每天都在修减我的妄念和强求。

我认为，所有的求都是妄念，比如在抖音上看到一个人的生活很好，就想过上那样的生活，这种情绪叫心生羡慕，如果深刻观察羡慕本身的成因，就会发现，羡慕的念头生起来，是因为求那个不可得。就是说，所有我们羡慕的对象，一定是当下我们不曾拥有的，至少属于当下不可得，因为当下想拥有，却不可得到，所以心生羡慕，也等于心生烦恼之苦。有人会说，我羡慕别人的生活，才能更努力地奋斗，才能加快实现那个理想啊。这才是我要讲的重点，即，化一切羡慕为正确的路线，羡慕什么，就去悟其实现路径。古人说临渊羡鱼，不如退而结网，也正是此意，即化羡慕为当下的结网。

天之道，不求而得，讲的也是这个。要在发现心生羡慕之时，马上化羡慕鱼为结网。古人说，君子爱财，取之有道，也正是此意。君子羡慕有钱人的生活，就应该走上正确的挣钱之道。

如何化解所有烦恼？就是坚信，临渊羡鱼如果是烦恼，就去退而结网。如果自己不能结好网，就连那个羡慕都要去掉。

第三章 自我修炼之道

通常做出千万遍的化烦恼为正确的行动，就可以做到烦恼还没有露出头来，就已经将其转化成正确的行动了。比如，很多人求更好的体验，求更快乐，求更幸福，你在求的状态时就相当于你买来一件新衣服，你看着新衣服去求更好的衣服，体会到的肯定是这件衣服不够好，这就是在求的状态，也就是你不可能真快乐、真幸福的原因。一定要放下求，才能投入享受和学习当下的一切。

只要常常守住清静无求心，你就越来越会生活，越来越会工作，这样自然而然你的能力就会渐渐得到提升。这就是不求而得的道理。

谁懂得这个道理，并能够投入于修行之中，日积月累，必然学有所成，和谐能力也必然渐渐升级。

理解应用不求而得的难处在于，如果生出羡慕追求，就要马上化羡慕为行动。对于在攀比中带来的心理失衡，要么将其转化成正确的修行，要么斩断羡慕的念头。

只有通过千万遍的修正，才能达到烦恼刚一产生，就将其转化为行动。佛家说，烦恼即菩提，就有此意。

咬定真理不放松，绝对不能和正确失之交臂。这些年学习国学，"不求而得"四个字，是我真正的解惑之法，希望同学们也用这四个字，解除自己的烦恼，走向修行的高速公路。

本性自足

阻碍我们投入于当下好好生活、学习的，很大比重是攀比带来的烦恼。古往今来，无数人的烦恼，都是来自于攀比。攀比不是坏事，攀比就是对比，通过对比可以做到向对方学习，与对方合作共赢，或者帮助对方。除了这三者，所有的攀比产生的后果都是错的。

大多数人的攀比，会造成或者自负或者自卑，或者极端亢奋或者极度失落，这都是不善于负阴抱阳的结果，不会负阴就不会欣赏，不会向对方学习，不会欣赏和向对方学习，就不可能快速提升强大自己的能力。

多数人攀比造成的错误和烦恼，不是来自别处，而是因为或者走向阳的极端，或者走向阴的极端。

一个没有认识大道的人，基本上最想要的，都是他得不到的。如果每天最想要的是阳的极端，就会因为达不到那个极端刺激而烦恼，也会因为达到了那个极端刺激后，导致空虚，就像我们小时候羡慕别人的玩具，得不到就烦恼，得到了一玩就腻了。

而懂得道呢？就是要去掉极端体验。所以得道者不会羡慕任何人，也不会想要极端体验。什么是极端体验呢？吃得过饱就是极端体验，尽情地享乐就是极端体验，想要一直闲散就是追求极端体验，认为遇见一个良人就能解决所有问题，就是追求的极端。因为对于人的体验而言，一达到极端的阳极，就转向了少阴，正如久处兰室而不闻其香，可以解读为久处一种美妙刺激，就感受不到这种美妙刺激了。

比如一个男孩子会认为娶了一个美女，就天天在养眼中度过，而实际上，娶了美女的男人，时间一长，就很难感受到美女的美了。任何刺激，都会转化为反方向的不刺激，这就是没必要羡慕任何人的原因。

不羡慕他人，才能过好自己的人生。不羡慕不代表不奋斗，不羡慕更要向他人学习，不羡慕才能真正坦然欣赏他人。

不羡慕任何人，才能云淡风轻；不羡慕除了当下所做之事的另外所有事，才能心无旁骛地做好当下事。

每个人都是阴阳变化之道的体现，我们感受的一切根本，都是阴阳变化，每个人与另外一个人的根本运行之道，都是完全相同的。这个相同叫本性具足，具足的就是道。

每个人的根本都是阴阳变化之道。每个人的体验都是阴阳变化体验。只要不处于特别极端的体验之中，就是身心自在的状态。

古人说，临渊羡鱼，不如退而结网，讲的也是羡慕不如去学以致用，只有会学会用，才能得到你要的。

而真正学以致用的功夫，都是在投入当下的做人做事过程中修炼来的。

放下攀比带来的羡慕，才能脚踏实地，才能认可我们的生活、工作，认可了自己的当下，才能展开真正有成效的修行。

学以致用

都知道学对了方向,能带来快速的进步,于是无数人都在学习,可不知道大家发现没有,我们学了很多,却发现有用的很少。

今天就总结一下学习时面对的错与对。

什么是正确的学习?人类所学,概括起来分为道、法、术三类。术是具体瞬间的经验,学到了一项技术，就要以最快速度投入应用，不然就过时了，而且能用好术的前提，是要懂得道和法，不然，无道德而善于术，可能就会把一件恶事做得很精通。所以，学好术的前提是懂法、知道。

法是对术的概括，如果说术是技术，法就是这个门类所有技术的总体规则和纲领，如果说手术是术，那么解剖学就是法。同样，不懂得道，再好的法和术，都可能是在错误的道路上越走越错。

道是所有法、所有术的根本。古人把天下所有学问，分成了有为法和无为法，无为法就是道，有为法就是法和术。

想用好法和术，必须懂得无为之道。而学习无为之道的关键在于，要懂得为学日益、为道日损的道理。

学习有限的法和术，我们追求的是越多越好，而学习道，却正是减少那个多的过程。对于每天都在有为法中学习的人,有必要懂得为道日损的好处。为道日损,损的是个人的贪婪,损的是个人追求奢侈,损的是个人的错误认知。

比如,小时候我们认为玩具是最好的东西,这叫为学日益;而为道日损,是认识到世界上所有的好东西,都是在特别需要的前提下产生的,所以懂得了一个道理——洼则盈,就可以抛弃所有的经验不用了。懂得了每个人认为特别重要的东西,都是在他当前认知里特别需要的,就避免了把外物看得过重。为道日损,就是要通过对一切根本道理的了解,去减少那些法和术的片面性,以至于最终只是了解了一个正确的道理,就拥有了对所有法和术的应用与理解的能力。

举个学习开车的例子,为学日益就是你要特别在意哪里是刹车,哪里是档位,哪里是转向灯开关,等等。但我们在学开车过程中,想迅速提升学习速度，就一定要通过去除刻意才能驾轻就熟，一直学到不需要提醒自己哪里是刹车、哪里是油门时，我们学得就差不多了。

这个过程就是从不会开车到会开车的过程。

想要学通一门学问，就要尽快用不刻意去掉刻意，这样才能快速学到精通，不然越是刻意就会越手忙脚乱，越是怕做不好就会越做不好。

所以无论你学的是什么，都需要用为道日损的自在之心，去减少学习过程中的过度刻意，直到完全去掉了刻意，才能做到自在而成。

用最轻松不在意的心态去认真学习，是相反相成，也是一阴一阳谓之道，也是负阴抱阳充气以为和，同时也是为道日损的正确方向。

与人相处，更要遵循为道日损的道理。与人相处时，要不断减少自己贪婪的欲望，要以成就他人为核心，这样才能忘我投入于相处。如果时时刻刻想着自身利益，看起来你瞬间可能占了便宜，但在整体长久上一定是吃大亏。

老子说："为学日益，为道日损，损之又损，以至于无为。"

由于太多人对老子的无为有误解，下一节，我们将谈一谈相处之道中的无为而成。

无为而成

认可当下的修正,认可想做好一切,都来自于修正。由于认可当下是关键,所以内心最深处不能有自私的任何追求,这样才能心无旁骛地做好当下的修正。

无为而成,指的就是内心不去求成就,而又能够不断成就。由于内心无求所以内心清静喜悦,而行为又一直走在修正的路上,所以内心无求却能不断成就。

老子说的无为而无不治，指的也是内心无为清静，行才能最自在而无所不治。

我们发现，让我们最长久做下去的事，通常都是我们喜欢的。

那么如何做到一直修正自己呢？如何把不断提升自己能力作为最重要的事呢？

首先我们要懂得一个道理，就是这个世界上不一定他人就比你生活得更好，却一定有比你更智慧或道德更高的人。

我们要做体验和谐能力更强的人，而不是做更奢侈、更极端的人。

认清了这个事实，我们才能笃定修正自己的认知和行为。只有笃定于修正之路，我们才能做到内心无为而无不治。

内心清静、无为无求，是最好的做人做事心

态。与人相处，只要你私心一起，马上就关闭了自在和谐，进入了算计和烦恼之中。

比如一个销售人员面对客户，只要这个销售人员一直处于全心全意为他人服务的状态，就是最好的销售心态，然后需要修炼的就是了解产品以及如何解决客户的问题。

不让私心杂念干扰自己，是做人做事核心的修炼。老子说："天之道，不求而得。"意思是天地没有追求，却自然而然地造化出一切。

这里的不求指的是心态，指的是走在无私奉献的路上，自然会得到。

由于多数人不相信无为清静心的重要，所以整日求不可得，所有烦恼都可以总结成求不可得。无为就是无求，无为就是自然自在而行。

佛家一直说人不能执着，什么是不执着？老子说："无执则无失，无为则无败。"

不执着就是清静无为。

老子说复归于婴儿,指的就是要有婴儿的清静无求心态。无求不代表不去做事,无为不代表不能成功。要达到无求而得、无为而成,才是顺其自在。

不执着于自私而为,处处都应有成人之美的发心,才是最好的心态。

人一生修行的方向,就是修炼付出。修炼付出的方法,可以用会学、会爱、会服务来总结。

一个人的价值不在于自己拥有多少财富,而在于你在付出中收获了多少智慧和幸福。

我们生活在一个安全而稳定的国家,虽然大多数人要在压力中奋斗,但正确地面对压力,压力就是幸福快乐的源泉。

苦中得乐

生命的生存过程，是生于忧患死于安乐的过程。当然忧患之中要能够生存发展才叫生于忧患，安乐之中如果不忘记苦中修炼能力，也不会死于安乐。

可见生于忧患，就是相反相成的另一种说法。一个人不吃苦行不行？答案是行，但前提条件是你主动逆修身、以苦为乐。因为你可以苦中作乐，所以你内心体验的是乐，身体付出的是辛苦。如果没有这个苦中作乐的能力,一个人是一定要吃苦的。

孟子说:"故天将降大任于斯人也,必先苦其心志,劳其筋骨,饿其体肤,空乏其身,行拂乱其所为,所以动心忍性,曾益其所不能。"意思是人如果不能从逆境中修炼能力,那么就不可能担当大任。

我们民族之所以有"多难兴邦"的说法,也是因为吃得苦中苦,方为人上人。这里的人上人,是德才能够配其位的人,而不是某些凭借特殊关系和手段得到那个位置的人。

为什么非要勇于吃苦,才能成长我们的能力?答案非常简单,因为人不学不知义,因为人不干就不会,因为没有走的路就不通,因为没有经历就没有见识,没有斗争就没有抵抗力。

同样,没有寒冷的感知就没有温暖的感知,因为这些体验都是相反相成的。

相处之道 | XIANGCHU ZHI DAO

一个人如果久处于安乐，就会久居兰室而不闻其香。就像一个生活优越的孩子，是很难感觉到自己的幸福的。

人生需要经常有相反的觉知。肌肉时间久了不用，就会萎缩；生活安逸久了，也会失去搏击风浪的力量；而最重要的和谐能力，又只能在相反的觉知中才能修炼升级。

所以，瞬间得来的幸运，凭运气得来的好处，如果我们不能艰苦修行，就会沉迷于安乐而失去最重要的能力。

这个能力就是体验美好的能力。很多人不明白为什么我们与人相处特别难，其最重要的原因，就是我们只想和喜欢的人交往，这是提升相处能力最大的障碍。你如果只和你喜欢的人交往，就像水稻的近亲繁殖，是很难提高产量的，因为没有新的挑战，就没有走向更高产的可能。袁隆平所以能够成为杂交水稻之父，就是因为他相信，向更远的地方寻找杂交对象，才能杂交出更高产的水稻。

懂得相反相成，才懂得与人相处时宽容的重要，你宽容的是别人，修炼的却是自己。宽容别人，不代表不惩罚坏人，不代表不将坏人绳之以法，宽容是心的度量，是就算将坏人绳之以法，内心也对他无恨。惩罚坏人，是为了更多人的利益；惩罚坏人，是为了坏人更长久的好。在惩罚一个人的过程中，不该真的看不起他，应该去理解他为什么这样做，以及有没有更好的方法帮助他。

相处之道，就是相反相成之道。去理解所有不如意的人和事，去除内心的怨与恨，才能长久保持内心清静自在。

让身体经常接受劳动的修炼，让心灵自在地走向更宽阔的天地。一阴一阳谓之道，让我们去践行老祖宗的智慧。

知其白，守其黑

　　千百年来，多数人都在追求个人利益和幸福。但是所有追求幸福的人，不可能都得到真正的幸福；所有追求个人利益的人，不可能都得到真正的利益。

　　根本原因只有一个——所有的好，都是在当下的体验，真正的利益和幸福，都是当下的自在。每个当下都不自在，就不可能投入于生活、工作，不能全心全意投入生活、工作，就丧失了人生最好的利益和幸福。

老子说："知其白，守其黑。"就是对自在人生的概括性总结。

知其好，守其不好。任何人都有两面性，人无完人，每个人都是修正路上的人，是人就会犯错。与人相处，重在知其白，守其黑；知其好，守其不好。这里的守，是宽容、接纳的意思。

一对年轻人从恋爱到分手的过程，其实就是喜欢上了对方的好，而最后无法接受对方带来的不好的过程。或者说因为遇见了更好的，而抛弃了原来的对象。无论是哪一种，都是因为没有宽容、接纳对方的不好，所以无法长久地走下去。

有人会说，长久相爱有什么好处？经常换新的对象不香吗？答案是，经常换恋爱对象只是瞬间的刺激，却无法深入地通过恋爱，修炼自己的定力和深入能力。只有长久相处，才能建立深情，只有深情才能带来更深的爱和更阔大的情感天地。

知其白，守其黑，是我们面对任何人和事，都应该遵循的修行道理。比如面对当下，我们面对美食的诱惑和减肥之间的巨大冲突，就要知道美食诱惑的好与不好，美食诱惑的好处是，让我们有食欲，吃起来很香，不好的方面是，吃多了会肥胖。根据知其好，守其不好原则，不能顿顿不吃，不能吃得过多。只有这样才是将好与不好和解，而不应该是杜绝任何一个方面。

只有两者都允许存在，才能自在而长久地吃饭，并且控制了体重。而错误的想法和做法就是，要么因为拒绝吃饭而痛苦，要么因为放纵地吃而肥胖。拒绝吃饭叫极端，每一次通过拒绝进食而减肥，都会对减肥这件事形成阴影，一旦控制不住，便可能破罐子破摔，进入根本不去控制饮食的另一个极端。

做其他任何事也是如此，在好与不好并存之时，一定要接纳它的一些不好，才能得到它带来的好。比如，我们去工作，就会累，这个累就是不好，但它带来的好处就是，只有累了，清闲的时光才更为美妙。

知其白，守其黑，是相反相成的道理，也是对负阴抱阳的把握，同样也是对矛盾两方面共同的把握。

唯有和谐阴阳两个方面，才是自在的。唯有学会把握矛盾，才是抓住了问题的关键。只有可以承受遇见的所有不好时，我们才能尽情尽兴地与所有遇见握手言和。

道法自然

　　最好的目标，就是一定要达到道法自然。老子说："人法地，地法天，天法道，道法自然。"

　　很多人生规划提出时很响亮，执行时却很无力，很多目标制定得很远大，落地却很难。人们也经常说，理想很丰满，现实很骨感。这一切都说明，最好的目标，太多人不知道是什么样的。

最好的规划或目标，一定要和于人，利于地，顺于天，合于道，成于自然。

第一要和于人，即是指这个目标的制定一定是和于人心的，如果很多人都不同意，那一定不是好目标。

第二要利于地，这个目标如果不能充分利用现有的条件，就一定不能充分发挥现有的资源或人才的特殊性，没有特殊性的发挥，就不可能具有明显优势。

第三要顺于天，这个目标如果不能充分地顺应时势，又不能引领时势，那就一定会被时势所抛弃。

第四，所有的目标，如果不合于一阴一阳谓之道，也是注定不能实现的。

第五，做好了和于人、利于地、顺于天、合于道，还要看这个目标能不能长久自在地被执行。靠

相处之道 | XIANGCHU ZHI DAO

打鸡血形成的三分钟热度，是不能长久执行一个远大目标的。

人法地，地法天，天法道，道法自然，这是所有目标从制定到实现，必须走过的道路，其中哪怕一关过不去，都会前功尽弃。

所以，无论制定什么目标，都一定要做好以下五点：第一，人心要高度认同；第二，要充分利用和发挥已有的资源与条件；第三，要顺应时势的发展；第四，要完全符合阴阳和谐发展原理；第五，要有自然完成的可能性。

在相处之中，人会无数次心生无数的目标，大多数的目标都实现不了，这导致人的内心会经受不断的打击。为什么我们的希望常常落空？因为我们没有精通掌握这几个取法。

为什么圣人能做到不求而得？因为他擅长人法地，地法天，天法道，道法自然。因为他每个瞬间已经看到了长久的路,每个具体已经取法了整体的道,因此就无需刻意强求什么目标。圣人的目标都是道法自然的,自然而然就能实现,谁还会去刻意而为呢?

一个目标就是一个希望,一个目标就是一个理想,一个个的目标,就是人生的方向。我们要学习人,学习地,学习天,学习道,学习自然而然去实现。

我把这几个取法,总结为人生规划"五取法",只要你想实现什么目标,都可以借鉴这"五取法",来衡量这个目标的可实现程度,越符合这"五取法",成功率越高。

还可以将这"五取法",应用于所有维度。只有充分理解了人生的一切都离不开的是什么,才能懂得认知地、天、道和自然的重要性。

人活在具体瞬间的条件里,这个具体瞬间叫

地，地活在整体之中，这个整体叫天，天是顺应道而发展变化的，而道的所有变化，都是阴阳自然变化。

　　这一节内容，看似讲的只是一段简单的几取法，但若想运用好它，却需要真正的长久感悟。

见素抱朴

看事情和做事情,是人每天都要面对的。广义上,人的任何心理活动都是看事情,人的任何行为活动都是做事情。

老子说:"见素抱朴,少私寡欲。"

什么是见素抱朴?素是未经染色的生丝,朴是未经雕琢的原木。见素抱朴的意思是看问题或看事情时，不能带有任何个人情绪色彩或个人执念，与其对应的是少私，只有无私才更能看清事情和问题；与其相对的就是，做事情一定不能刻意，一定不能用刻意之心去做事。修行的重点是寡欲，就是要减少刻意追求。

这是正确的修行方式。而无数人在看问题时，最容易带上情绪，或个人的执念，比如自家孩子跟别人家的孩子吵架或大打出手，身为父母，看问题时，能不能不带有任何情绪和私心？如果带有情绪和私心看问题，就不可能做到公平正义地认知，不能从正义公平出发，这件事往往就处理得特别极端，甚至可能将小打小闹，演变成大打大闹。

见素抱朴，少私寡欲，是对修行者的修为指导。我们还可以从素和朴的本身特点来理解：素是非生命的生丝，朴是有生命的原木，所以见素抱朴，又指不要带有任何情绪和情感色彩看问题，但一定要带上生命的情感，去执行看问题时得出来的判断。比如在看问题时，我们发现吵架这件事根本原因在我们的子女，是我们的孩子错在先，这就是见素得出的结论，用这个结论指导抱朴，便要在主持正义，教训自己孩子之后，别忘记对自己孩子的爱，还要关怀他。这就是见素抱朴的运用。不能因为见素偏于讲道理，而耽误了做事中情感的流露。如果一个人做事情的时候，仅仅是生硬地辩论谁对谁错，就失去了抱朴的生命情感。看问题是侧重于看见道理的，做事情要执行正确的道理不假，但一定要带着人的情感温度去做，不然就是极端的较真了。

相处之道，一定要懂得见素抱朴的道理，它是特别重要的修行法则。一直偏颇下去，要么形成太执着于理的较真之人，要么成为太执着于感性的不讲道理之人。

太执着于道理的较真之人，给人的感觉是阳性的爱和关怀不足；太执着于情感的人，给人的感觉是阴性的冷静和理智不够。什么是和谐？和谐就是不处于阳的极端，也不处于阴的极端。

阴阳都不特别极端运行，才能和谐美好，这也是相处之道的修行重点。见素抱朴，四个字说出了看问题和解决问题的和谐把握方式。看问题要冷静无私、无情绪色彩，解决问题要在执行见素结论的同时，带上对人和一切的关怀与爱。

相处之道

CHAPTER ④

第四章

内心修炼之道1

如如不动

不动心，则无苦。不动心，则心无伤。

在相处过程中，真正让我们难受的原因，只有一个，那就是心的摇动。

孩子会为了游戏而摇动他的心，摇动的规律就是阴阳两极颠倒，这个颠倒程度越大，孩子就会越痛苦，长久下去，就会形成特别极端的个性。到了青少年阶段，又会因为爱情而不停摇动自己的心，每一次摇到阳端，都注定要步入阴端。过了爱情的极端摇动时期，又会把重心放在金钱上，过了对金钱极端患得患失的时期，又会把重心放在健康上来回颠倒摇动。

相处之道，重在内心清静如如不动，心灵受到的所有伤害，都是来自极端颠倒摇动。只有遇到任何情况，内心都保持清静不动，才能尽情享乐并投入当下的生活、工作。

唯有内心清静，才能自在而为。老子说："清静为天下正。"意思是说，内心清静是天下最正确的状态。

有人可能会疑问，一个人遇事不动心，是不是变得麻木了？

清静心不动，不是我们常说的不动心，而应该是，风声雨声读书声，声声入耳；家事国事天下

第四章 内心修炼之道1

事，事事关心。

只有清静心才能自在投入风声雨声，只有清静心才能更好地关怀家国天下。

世上本无事，庸人自扰之，这是古人总结出的道理，世界上本来没有值得我们方寸大乱的事，我们之所以会因为事而烦恼，都是因为我们乱动心。

范仲淹所言："不以物喜，不以己悲。"就是指，人不能因为得到好处而大喜，也就不会因为失去而大悲。

老子说："无执则无失，无为则无败。"也是告诉我们，不极端执着于事的得，就不会觉得失去；不极端执着于追求有为，就不会感受失败。

和谐的感觉就是不极端的感觉，想一直让内心处于和谐自在状态，就一定要去掉极端颠倒。

内心清静无求，就不会心随事迁。古人说以不变应万变，那个不变就是心，用不动不变之恒定心，去应对万千变化。

外柔内刚的智慧，说的也是内心如金刚不动不摇不改，外在表现如水般柔弱变化。

还有内方外圆的处世哲学，讲的也是内心方正、不改不动其操守，外在表现要达到圆融通达。

内心如如不动，不随情迁，不随事迁，才能以清静喜悦之心，做好所有的事。内心不动，不是不投入做事，而是内心清静不动摇地去全神贯注做事。

由于全神贯注对于我们来说很难做到，所以下一节我们就谈一谈全神贯注。

全神贯注

不去解决永远不可能解决的问题。

不去求不可得。

那么什么是可得,什么是永远不可得?

不能全神贯注地去做,都是求不可得。

只要全神贯注地去做,一定可以提升能力。

有人说,人生贵在选对而不贵在努力,这句话

相处之道 | XIANGCHU ZHI DAO

看起来是对的,但只是在瞬间具体上对,在整体长久上,一定是认真投入而提升自己的能力才真正重要,不然,就算一个人通过各种手段和选择,得到了财富或地位,也会因能力不具备,而成为那个德不配位的人。

所以真正懂得修正之路的人,恰恰是不挑剔的人。比如,让一个人去走步健身,他如果一直挑剔、选择,就很难找到一个他满意的环境去走路,导致他天天在选择更好的环境,越选择越无定力做到真正走路健身。

选择只在瞬间具体中显得重要一些,而不挑剔、不过多选择,则是在当下提升能力的根本。老子说:"所出弥远,所知弥少。"也正有此意。

真理就在当下,只有投入于当下去做人做事,才是人间正道。相处之道,重在每个当下都全神贯注于相处之中。与人相处,与物相处,与自己相处，都要全神贯注地领会并学以致用，这才是无忧无虑之大道。

对于人生的体验而言，人永远跳不出阴阳变化的体验规则，就是说，无论选择过什么生活，都是过阴阳变化的生活。在这个认识上，在哪里生活，都要精通阴阳变化之道，只有这样才能活得从心所欲而不逾矩。

乞丐或皇帝，都是生活在阴阳两极变化体验之中，荣华富贵者也是要遵循同样的体验原则——从少阳到老阳，然后物极必反，走向少阴到老阴，再轮回到少阳、老阳。

而真正想离苦得乐，只有一条修正的路可走，这条路，就是和谐之道，也是相处之道，就是去其极端体验。和谐的体验叫真乐，极端的颠倒体验叫苦。

人世间，凡是最有用的能力的提升，钱都解决不了。比如你想减肥，别人不能代替你运动减肥；你想要提升智慧，别人也不能代替你。

想提升自己的和谐能力，必须全神贯注投入于当下。

投入当下，必须心无旁骛，必须心无烦恼，必须负阴抱阳，必须去掉极端。

如何才能不断提升全神贯注的能力？必须学会感悟，而感悟是对感觉的深入体会。

全神贯注于感觉之中，就一定要往深里走，往心里走，往实里走。

比如，工作中最平常的劳动，如果学会了感悟，就有无限的内容可深入，也有无限的提升可能。

工作中的出差，有人可以欣赏一路风景，有人可以学习一路见闻，有人觉得路上很无聊、疲惫。是什么造成了如此差别呢？

是投入当下、深入体会，成就了处处风景和学为所用；是不能投入当下深入体会，造成了处处无聊、疲惫。

相处之美

　　人生所有的美好感觉，都是在相处中产生的。

　　相处包括自己的心与自己的整个人相处，也包括人与他人或事物相处。

　　自己与自己相处，可以产生独乐；自己与他人或事物相处，可以产生众乐。古人说，独乐乐不如众乐乐，再好的独处，也不如忘我投入于众乐之中。

最好的众乐是人与万事万物的和谐相处，老子说："致虚极，守静笃，万物并作，吾以观其复。"

为什么最好的众乐要虚极静笃呢？因为心不静、不笃定，就不可能有真正的自在之乐。所以，内心虚极静笃是尽享众乐的前提条件。

古人在与万物相处之时，会用诗词歌赋的方式表达相处之乐，也会用手舞足蹈的方式，表达起舞弄清影，何似在人间的快乐。这些都是相处之美。

为什么今天的多数人，很难感受到相处的真正乐趣呢？因为不能虚极静笃地投入相处。

全神贯注投入于观察蚂蚁，也会日日有所发现，如果再能通过观察，从蚂蚁一个动作里的阴阳变化，理解出天下所有动作的阴阳变化，就拥有了感悟的能力。在工作中，如果也能如观察蚂蚁那样感悟，就掌握了学习真正的法门。

相处之道 | XIANGCHU ZHI DAO

相处之美，一者是感觉之美，一者是感悟之美。仅有感觉之美是不够实用的。在感觉之美中深入观察，就能够从一到万地理解阴阳变化，并将其应用到实际工作、生活中，就有了提升之美。

从感觉之美到提升能力之美的过程，不断演练下去，就是良性循环。不然就是毛驴拉磨，走不出那个圈。

每一刻，当你内心清静无求时，你可以走在阳光下，便会感受到存在的自然、自由之美。

每一次，你成功对抗了自私的贪婪，减去多余的体重，或去除多余的杂念时，你便会感受到逆修身之美。

每一个阶段，当你没有因为巨大的颠倒而内心烦恼，你便会觉知到和谐之美。

与人相处，你越来越会和谐深入，就懂得了相处之美。

想要活得更美，需从修为入手。如今很多人，都想过上诗意的生活，但大多数人已经不再敢奢望过得自由自在了。其实真正的自由，即是孔子说的，从心所欲而不逾矩。

相处之美好，也就是做到从心所欲而不逾矩。可以想一想，那些美好的相处，是不是都是我们可以畅所欲言，又和对方总处在和谐氛围之中？

尽情投入于表达自己，又能和对方和谐共享彼此的表达，就是从心所欲而不逾矩。

那个规矩就是和谐、不极端的道，自在就是从心所欲而不逾矩。

诗意的生活，是生活形式简朴的，不能走追求奢侈的路线，因为幸福美好在于少则得，多则惑。

少则得，多则惑

没有人在这个世界上能占到便宜。

任何瞬间具体上看起来的便宜，一定会在整体长久上吃亏，这是阴阳变化的损之而益，益之而损的道理。

比如，中了大奖看起来是占便宜吧，可一旦你尽情享受这个便宜的时候，负面效果就产生了：在尽情享乐之中，会让人正确的逆修身进程停止不前，沉迷于声色犬马，又会导致久居兰室而不闻其香。

真正的快乐幸福，只有一种正确的实现方式，叫负阴抱阳。负好了阴，阳自然到来。比如，每天主动去接受不快乐的时光，投入于平常的生活工作，快乐便会自然涌现。这就是向着不快乐（阴）去投入，快乐（阳）自然会多起来。

所以，向着享乐去追求，是不可能真正得到自然而然的快乐的。

向着瞬间具体的便宜去追求，一定会在整体修为上，吃更长久的亏。

这一章重点介绍的是少则得，多则惑。人人都喜欢得到更多、更大、更强，但离开了正确的修行，就不可能真正得到更多、更大、更强。

全凭幸运赚来的钱，早晚会因为能力不足而失去。同样，不能脚踏实地修炼出来能力，就不可能实现人的自在生活。

老子有言："天下难事，必作于易；天下大事，必作于细。"

那么天下多事呢？当然必作于少。想要人生拥有的实惠越多，越要从少处开始修行，这就是相反相成的道理。

想懂得这个体验世界的规律，一定要从少处理解，比如，我们看见雨后一个小坑里盈满了雨水，就可以从最平常、最小、最简单的这个现象去体会：是不是天下一切变化都是有了洼才能盈满呢？这就是老子总结出的洼则盈的道理。

少则得，多则惑，圣人抱一而为天下式。这句话，就是告诉我们，圣人从最简单出发，从一到万地理解整个世界。

没有人会真正占到任何便宜，在体验的世界，最会生活的人，不是占了便宜，而是不要那个极端。把特别贪吃去掉，也就不会肥胖。智者没有多占有什么，只是去甚、去奢、去泰，这样就没有特别极端的痛苦体验，就做到了自在和顺其自然。

古人说："静以修身，俭以养德。"

一个人只有喜欢上了品味更少，才是能力的提升。比如，小时候为父母劳动，还需要父母鼓励、奖励，而成熟后，认真工作不需要父母夸奖。

修行，就是不断挑战在更少的物质享乐中，依然能够自在而为。今年需要提醒奖励才能每天早睡早起，通过修行，来年不需要提醒奖励，也能早睡早起。

修炼，是不断接受从前所不能接受。懂得相反相成是修炼的根本，苦中作乐才是真乐。要懂得少的好处、多的坏处。

在少里品味更多，而不是在多里死于安乐，才是少则得或俭以养德这个最珍贵的道理。

相处之道，修于少，成就自然多。

相处之道 | XIANGCHU ZHI DAO

修行四重关隘

什么样的人大自在?

答案是,突破了四重关的人。

修行者面对四重关隘:第一关是游戏关;第二关是爱情关;第三关是功名利禄关;第四关是生死关。

这四重关,是早晚要过去的。过去就是不执

着，不执迷游戏，不执迷于爱情，不执迷于功名利禄，不执迷于永远活着。

我们需要游戏，需要爱情，需要功名利禄，需要健康，明明我们需要，为什么又不能执迷呢？

因为执着就会过度，就会让自然而然的需求变成强求，而强求是痛苦的根源。古人说，强拧的瓜不甜。

处处强求，就算得到了，也是体验中的苦果苦瓜，只有顺其自然，不强求得来的，才是瓜熟蒂落后的甜瓜甜果。

一念强求，人间如地狱；一念放下强求，人间如天堂。

当一个人无法自在地渡过任何一个关隘时，就会时时处处强求，强求得到速度和数量。比如，玩游戏时太重视结果，就会导致在游戏过程中，每一点失利都会带来情绪不稳，而情绪不稳就不利于取胜。同理可知，不能在爱情中保持轻松自在，就不可能体会到爱情的自在之美。同样，面对功名利禄，如果不能最轻松地面对，也将导致同样不能投入的后果。面对健康问题，如果不能放下强求之心，也会耽误身体恢复。

修行路上这四重关隘，每一关都要能够轻松自在面对，没有自在的心，就不会通过四重关卡，通不过四重关卡，就不可能尽享生活、工作之美。

大家可以体会一下，你在学习过程中，如果一直想的是旅游，那么你想要的旅游，就会一直干扰你的学习过程。

老子说："甚爱必大费。"

不论你天天最想要的是娱乐还是爱情，或者最想要的是成功还是健康，只要它是你最想要的，那它一定是甚爱，甚爱必大费，大费你当下的做事效率。

所以最想要的东西，就是做人做事的干扰源，它干扰的是你的自在。可以设想，最想要的东西时时处处都在干扰着我们的自在，没有自在就没有真正的快乐，没有自在就没有灵感，在干扰源之中，我们做事也就只能人浮于事了。

所以，可以把最想要的东西比作孙悟空戴的紧箍咒，只要你一想起那个最想要又不可得的东西，金箍便会收紧，干扰源就会形成干扰，快乐幸福便也会瞬间消失。

当我们懂得了甚爱必大费的道理，就理解了为什么古人说"不以物喜，不以己悲"，也就懂得了为什么老子说"天之道，不求而得"了。

想自在通过这四重关，就是要做到凡事不求而得，把所有重心不放在奢求和甚爱上，而是把重心安放在当下。在当下不断修正自己，才是永远正确的人生道理。

活在当下，过去不可再得，未来尚不能得。当

相处之道 | XIANGCHU ZHI DAO

下事来心始现,事去心随空。

不管发生任何事,都要放下甚爱,这样才能自在而为。没有过度的追求,就没有过度的烦恼。

永恒的信仰

遇见一个人,他说的话未必可信;看一部电影,它的情节未必可信;爱上一个人,他的海誓山盟未必可信。不可信的人与事太多,我们这一生,最该信什么才永远不会落空?

我觉得应该信修为。信一个人的修为能力,信一个人负阴抱阳的和谐能力。

相处之道 | XIANGCHU ZHI DAO

应该信天下一切整体永存，应该信天下唯一的规律是阴阳混同之道。

我个人的信仰是，相信共产主义必能实现，相信人心向善，相信只有顺正道而行，才能过好这一生。

我的信仰就是修行天之道，顺其自在而修和谐发展能力。

与人相处之时，如果你时刻在正确地修炼和谐之道中，那么无论面对什么问题，都不会困于情绪，也不会被轻易诱导，你会笃定清静之心，以成全整体长久和谐为重，以其无私成其私。

正确的信仰是用在起心动念中的，也是用在一举一动之中的。比如，武术家的行走坐卧都是在修炼武功，他修炼的其实也正是阴阳和谐之道；中医的日常生活也是在修行，他修行的也是阴阳和谐之道；社会上提倡和谐，整个社会也在修行和谐之道；家庭要和睦，也是要遵循和谐发展之道。我们在所有地方都可以感受到和谐共生的美好，也就懂得了，国学的精髓，其实就是修行和谐共生之道。

这是中国智慧，也是中国特色，更是中国的真理。作为中华民族的后代，要懂得，和谐之重，重在修齐治平。

很多人发出疑问，这人间到底值不值得？道教有四恩之说——天地恩，父母恩，国土恩，师长恩。通过这四恩，我们也能懂得：人间值得，因为有天地万物与我们共生，有父母照顾我们成长，有国土让我们生活，有古往今来的师长教我们做人做事。这四恩都是不用我们回报的，我们如果有感恩之心，就像天地一样无私，像父母一样奉献，像国土一样承载，像师长一样传道授业解惑，这就是知恩图报。

我们应该信仰做人的智慧，应该信仰人类的美德，应该信仰和谐的生活，应该信仰中国的正道。

相处之道 | XIANGCHU ZHI DAO

修行无捷径

　　人往往会认为，人生在选择之中，会有捷径可走。是的，有捷径可走，但所有的捷径通往的都是瞬间具体的成功。在具体瞬间的选择上能找到的捷径，都只能成就瞬间具体的美好。如上一章所说，任何具体瞬间的美好，如果过度，就会对整体长久造成伤害。所以，真正懂得长久美好之道的人，不太挑剔于干什么,而重在投入地去做。

比如,我是一个快递员,目前做这个工作可以养家糊口,想做别的工作条件都不是太具备,这时最重要的就是,在工作中投入于修行之中。工作不只是工作,也是人生修行的道场,只有通过正确的修行,才能成就和谐能力的提升。每个当下都在考试,考我们持之以恒的定力过不过关,考我们瞬间具体的变化能力过不过关。

出卷的是大道,答题的是自我,阅卷的是天下的一切体验。大道亘古不变,给每个众生出一道永恒的题,这道题就是阴阳变化。于是,芸芸众生都在每个当下接受着考验,有的人因为不及格而痛苦,有的人因为答得好而喜悦,考试永远在继续,阅卷的也永远是你的体验。

这就是漫漫人生路。在漫漫的考验中,我们只能接受体验这个老师的评阅,及不及格、过不过关，心灵的体验不断给你答案。

修行是没有真正捷径的，考验一直在，体验一直在，看起来瞬间找到了捷径，占了便宜，但都不是真正的便宜。真正可以持续的美好体验，都是通过脚踏实地修出来的。古人说修行者叫修好的人，从人生能力的来源上看，所有的能力，都来自于修行，只有投入于修行，才能得到真正的好。

不要有投机取巧的妄念，不要用小聪明误了人生的大智慧修行，更不要贪小便宜吃大亏。

修行是一条没有捷径的路，只有脚踏实地去走，才能行至更好的人生。古人说："师傅领进门，修行靠个人。"为什么修行不能借助任何机巧？因为只有修行玩不得半点虚假，修一步得一步，修一念得一念，修一为成一为，修一生好，得一生好。

由于正确的修行必须放弃小聪明，必须放弃投机取巧之用心，必须放弃不断想抄近路而行的念头，所以我说，修为无捷径，提升靠实行。

要把和谐相处之道落实于行，在每个当下，心定于修行之路，心无旁骛地持之以恒，才能真修实证到经典不虚，一切好都是修来的真理。

相处之道

CHAPTER ⑤

第五章

内心修炼之道2

损有余而补不足

社会上有两类人被太多人喜爱,一类是无私奉献的道德英雄;另一类是成功发财的商业英雄。

一类是损有余补不足的典范,一类是损不足以奉有余的典型。做人做事,更应该以哪一种人为学习的榜样呢?

如果是敌我矛盾,应该学习商业竞争残杀模

式，这种模式是用兵之道，为了胜利可以用尽手段。如果是人民内部矛盾，应该学习道德英雄，这种模式是以正治国，不能为了胜利而伤害他人。

我们生活在和平社会，人与人之间，没有真正的敌我矛盾。所以，人间正道是，损有余而补不足，而不是损不足以奉有余。

发家致富不应该是人生最重要的追求，应该学习道德楷模。

正是因为大量的人向往的都是发财，所以社会上奇货横生，各种食品添加剂、各种垃圾食品、各种危害人类健康的产品，层出不穷。只要一个人心里只想着发财，他的行为就随时可能伤害他人。

只有全心全意为人民服务是最正确的道路，这条道路就是老子所说的"天之道，损有余而补不足"。

想在相处之中，获得无尽的快乐幸福，只有唯一的方向，就是爱上付出，而不是爱上索取。

更好的与人相处之道，就是更会付出，更会成全，更会爱，要实现这个，需要更会学、更会用。

损有余而补不足，是长久生存与发展之道，要实现不断地损有余补不足，前提是要有余。做到比你的服务对象有余，才能做好为他服务的工作。成就有余是一切服务的前提，有余可分为形而上的能力有余，还有形而下的物质有余。

不断创造更有余，才能更好地为他人服务，这是我们党的执政智慧，也是我们的人生奋斗方向。不断地提升自己的能力，才能更好地为更多人服务。

想提升自己的能力，就一定要会学、会爱、会服务。

第一要爱上学习。老子说："善人者不善人之师，不善人者善人之资"。要向所有人学习，比我们擅长的，学习他的长处；不如我们擅长的，学习他是怎么不擅长的。

懂得了别人哪个方面做得不好，才可以懂得如何做得更好；懂得人家为什么做得好，自己也才能做得更好。

会学是为了会爱，要从发心上端正自己。与人相处最大的快乐，是为他人服务，而不是索取。要用这样的爱去相处，而不是为了占人家便宜。

把会学、会爱、会服务，落实到生活、工作中，到处是我们爱的对象、学习的对象和服务的对象，这样我们的人生才是在履行"天之道，损有余而补不足"。

在生活、工作中，我们总是面对无数诱惑，这让我们不能踏实修行，而所有的诱惑能形成不良后果，都是因为我们心中有太多迷信。下一章，我们就从破除迷信出发，让我们更加从容淡定地投入生活、工作。

破除迷信

每天不管是在网络中还是在现实中,我们都要面对无数诱惑,比如美食诱惑、美色诱惑、理想诱惑、金钱诱惑、健康诱惑。总之,只要我们特别想要某个东西,就一定会被诱惑。

说一个人幼稚,就是说他相信有更好的生活,有更好的工作,有更美的环境,有更值得爱的人。

其实，更好的东西一旦体验久了，也就是平常。我们需要得到更好的满足，但也要接受得到了就很难再闻到它最开始的香味。

没有一种生活，会让你一直感觉好，也没有一个工作，让你一直感觉好，想要感受好，就要向感受不好出发，比如想感受温暖，必须去体会寒冷。

要破除独阳（好）迷信。古人说，独阳不生，孤阴不长。世界上任何体验都是阴阳并生的，不可能有哪个人让你一直体验美好，也不可能有哪个工作，会让你长久体会更多的好。从整体长久上看，所谓的好工作、好生活，都是给别人看的，只有学会和谐体验的人，才是长久自在幸福的。

不要真的相信有一个地方会让人长久幸福快乐，也不要相信任何外物能带来长久的快乐，更不要相信谁能给你长久的好。就算遇到了好的师傅教我们智慧，也要遵循师傅领进门，修行靠个人的规律。

自己不能真修实炼，是不可能有幸福的人生的。

面对所有误导性的诱惑，真正让我们偏离自在的是，我们相信了虚假的引导。

比如，我们看短视频，看见一个人很帅或很美，我们就心生爱慕，觉得那样的人才是理想的对象，于是就开始否定身边的眼前人。其实，任何人都不可能长久给我们美感，除非我们善于发现美。

再比如，我们听说谁更有钱，也会心生向往，从而否定穷人，否定身边人，否定自己当下，这都是得不偿失的。过不好当下是最大的错误，所有让你过不好当下的追求，都是有问题的，都是要去掉的。

破除迷信，就是要破除一切诱惑，防止对投入当下造成阻碍。只有投入当下，才能工作好、生活好。

相处之道 | XIANGCHU ZHI DAO

在日常修炼过程中，凡是妨碍你当下认真生活、工作的理念，都是错的；凡是妨碍你热爱当下生活、工作的诱惑，都是错的；凡是引发了你强求之心的诱惑，都要将其去除，并化那个强求为不强求或不求，这样才能让你清静喜悦地应对一切人和事。

时刻不离清静心，才是最利于做人做事的状态。相处之道的核心修行，就是保持心态的清静。心清静者必无强求之意，心清静者必如如不动其心，心清静者必是自在状态。

破除追求阳极体验的迷信，就能保持清静心态。不要去相信让我们狂乱的诱惑。

负阴自然抱阳

什么叫负阴自然抱阳?

大多数人以为,想体验美好,就一定要向着快乐幸福出发。比如,想感受美,正常的做法是去旅行,看看奇山异水;想感受美女,就去看美女。可我们想过没有,为什么假期出去旅行能看到美景?那是因为平时你没有在此美景中。能够感受到美好的真正原因是，你之前没有处在这种感受之中。

根据这个根本原理，可以有两种方式实现对美或好的感知，一种是想见到美就直接去看美人、美物、美景，一种是朝着反方向去体验。

无论是哪一种方式，都符合相反相成原理。如果想让美好的体验随时随地唾手可得，最有效的做法是，想看美景的想法越强烈，越是要在平常生活中发现美景，只有这样才能修炼出随时随地满足自己的能力，不然，就会经常因为特别想去旅行，而不能安心生活、工作。

负阴就是主动向不如意之处进军。如果当下因为起床纠结，恰恰应该克服懒惰，马上起床，这就是向着纠结的不如意方向进军。

为什么只有这样才是正确的呢？因为凡是造成我们纠结的原因，都是我们贪图享乐，而又认为贪图享乐对整体长久不利。凡是这种情况，就一定要克服具体瞬间的享乐，去遵循整体长久之道。

什么时候可以享受一下呢？就是不发生纠结时，这时当然可以尽情休息。

再比如，因为吃东西多而纠结，就应该毫无疑问地减少进食量，因为再吃下去就发胖了。

在相处之中，只要发生了纠结，就一定要主动负阴，主动承担修行重任。比如两个人发生争吵，这让我纠结，最好的做法就是尽量宽容他人。解决极端矛盾从我开始，承担责任从我开始，承认错误从我开始，最大的好处，便会在长久的人生中慢慢呈现出来。

主动负阴，就是主动沿着正道去修炼，负好了阴，不用求阳，阳光自然来。比如想体会幸福，就可以多去体会人世间的苦难。很多行善之人，由于经常深入体会他人的不幸，所以他也经常处于幸福的体验之中。

相处之道 | XIANGCHU ZHI DAO

想要快乐,最好的修行路径不是去寻找快乐,而是接纳每个平常的当下。先从接纳寂寞孤独开始,从接纳到欣赏,再到可以在平常生活中投入一餐一饮、一举一动,就没有什么不快乐的时间了。你若投入当下,春天蝴蝶自来。

主动负阴修行,最大的好处就是,一旦负阴成功,阳光自来。就像你不排斥黑夜,并且喜欢黑夜,太阳总会升起。

多数人整天都在强求成功,成天不能投入当下,就是因为他们不是主动负阴,而是时时想跳过阴直接抱阳。独阳不生,孤阴不长。没有人可以每天只是体验美和好。

想要体会美好,就一定要主动面对不美好,并且能够在不美好里体会出新的美好来,这样去与一切相处,才能越来越容易快乐和幸福。

老子说:"知其白,守其黑。"也正是此意。

负阴抱阳

从我个人体会上,想再深入分享一下我对这个负阴抱阳道理的理解。每个人都想追求一直体验快乐的生活。这究竟可不可能达到?我说完全可以,但要深入理解负阴抱阳的道理。

让身体去主动向着不快乐进军,心灵就处于快乐之中了,这就是负阴抱阳,负是用身体或感觉主

相处之道 | XIANGCHU ZHI DAO

动承担，阴是不快乐，只要你承受住了不快乐，并且自在地承受了，快乐就出现在心灵之中了。比如当下你感受到了寂寞，甚至想要去用各种方法排解寂寞，其实排解寂寞最好的方法是别怕寂寞，因此这时正确的做法应该是，先在认知上接受寂寞的感觉。一旦你的身体感觉接纳了寂寞，其实寂寞就已经不那么强烈了，这时只要你投入做任何事，都会马上摆脱寂寞，而此时最适合做的事，就是通过任何事的修行，来提升自己的负阴能力。当你能够完成这个过程时，快乐自然就来了，这个快乐是真乐，而不是由刺激带来的极端体验。

对于负阴抱阳这个道理，理解它的根本在于，不管面对什么事，都一定要让自己的身体感觉，先去承担阴，承受了阴，阳自然就会涌现到内心里来。比如想要幸福感，就让身体或感觉去体会苦难，哪怕不是自己的苦难，只要身体感觉能深入苦难的阴，幸福感的阳就会自然流淌在内心，这就是负阴抱阳的和谐体验之道。

而我年少时，就是因为不懂这个道理，所以经常发生越去追求快乐越不快乐，越去追求成功越是体会不到成功的情况。其实这都是因为我当时用反了阴阳，应该是负阴抱阳，让身体去主动承受不好的感受，这样才能自然得到好的感受。而不是主动让身体拥抱阳，因而得到失落的阴性体验。就像我听说一本书特别好，于是我就把这本书想得很完美，因而真正一看到它，就会带着高标准去评价，反而觉得这本书写得不太好。只要不能承担体验的不好，就不可能充分享受到体验的好。所以，如果听别人介绍说一个人特别好，不要把他想象得太完美，而是先去体会他最大可能的不好，看看自己能不能接受，如果这个人的不好你可以自在接受，那么真的和这个人相处，你才能自在轻松，尽享美好

相处之道 | XIANGCHU ZHI DAO

体验。

这个原理特别重要，可以被运用到所有维度。比如，想干好一个事业，最先要主动去承担所有的艰难，如果你能够自在承受所有的苦难，那么你就一定能够自在享受创业过程。所以，创业者真正的提升，都在于提升主动负阴的心态和能力。这个负阴做好了，美好的体验不求自来。

这个道理的关键在于，美好的体验都是来自于主动负阴，而不是主动抱阳。直接主动拥抱快乐，得到的只是刺激和刺激后的失落。只有主动承受体验中注定出现的阴性体验时，才能处处得真乐。

负阴抱阳充气以为和，这才是真正行之有效的相处之道，是与自己相处或与他人相处，都通用的和谐美好原理。

希望同学们真正去顺道而行，主动负阴抱阳，而不是主动抱阳负阴。

高以下为基

上一节说负好了阴,阳自然来。这一节说的是,做好了基础,能力自然一层层提高。

每个人都想提升各种能力,但却常常犯一个错误,就是只想要盖高楼最顶的一层,于是学武术的学了些花架子,学文化学得华而不实,就连学唱歌也学成了简单模仿。

想自在与一切相处，一定要以下为基。那什么是最重要的基础呢？

想理解最重要的基础，一定要懂得人生几大重要。

对于个人而言，第一重要是世间的混同本质，混同意味着世界上没有什么绝对重要。对这个第一重要的理解是，应该将其作为面对一切事物时的心态。世上本无事，庸人自扰之，这应该是第一重要的认识。

懂得了第一重要是不把任何事当成绝对重要，才能以清静心面对第二重要。第二重要是修为，没有好的修为空活百岁，有了好的修为虽死不悔。第三重要是健康长寿。由于健康长寿没有道德修为重要，所以面对生死考验时，宁愿为国为民奉献自己生命，这也是对的。第四重要是基础的物质条件，没有基础物质条件，连活着都成问题。第五重要的是情爱。第六重要的是游戏。

根据上面的总结，如果玩游戏和谈情说爱发生二选一时，要选择谈情说爱。如果谈情说爱和挣钱发生二选一，通常要选挣钱。如果挣钱和健康发生冲突，尽量别为了挣钱牺牲健康。当维护个人健康和道德底线发生冲突，选择守住道德底线。当追求道德提升和让整体和谐共生发生冲突时，选择实现更大整体的和谐共生。

高以下为基，认知的第一层基础是认识到万物万事无差别，有了无差别认知，内心才能不处处强求自己比别人强；

认知的第二层基础是认识到修行的重要性，只有提升和谐体验能力，才能长久清静喜悦；

认知的第三层基础是认识到健康的重要性，不要因为挣钱或情爱游戏之类，去伤害自己的健康；

认知的第四层基础是认识到金钱的重要性，不要天天谈感情而忘记了金钱在生活中的重要地位；

　　认知的第五层基础是认识到情爱的重要性，这里的情指对旧人旧事的喜欢，爱指对新人新事的喜欢，所以这里的情爱指的是对老的人与事有情，对新的人与事有爱。

　　认知的第六层基础是认识到游戏的重要性，这里的游戏指娱乐。

　　这六层基础是搭建人生观、价值观、世界观的基础。我觉得这六层基础认知，是有重轻之分别的。

　　老子说，重为轻根。只有知道什么更重要，才能在修行过程中不犯大错。

　　高以下为基，最基础的认知最重要。第一层重要认知看起来最没用，但做人做事却要处处用它，没有最底层的正确认知，怎么可能让我们处变不惊呢？

六层重要基础认知

懂得这六层重要基础，便可以在相处之中更准确地识人用人。

遇见一个人，如果发现他认为金钱最重要，那他通常特别现实，不太信仰道德追求。

遇见一个人，如果发现他特别痴迷爱情，那他通常不会安心工作，爱情他也会因为过度追求而给自己带来痛苦。

遇见一个人，如果发现他痴迷娱乐，那说明他正处在特别幼稚不靠谱的阶段，不适合干好工作。

遇见一个人，如果他喜欢健康的生活方式，他通常很自律，能安心工作、生活。

遇见一个人，如果他特别重视修为，那他可以担当重任。

遇见一个人，如果他的认知达到了不以物喜，不以己悲的阶段，那他可以做好领导工作。

这六层认知，是六个阶段。最通达的认知阶段是无我阶段，最大的认知都是以无限御有限，以无我用有我，简称无中生有。

大智慧的人，是用不重视的自在清静心，去重视当下的一切变化，叫无以易之。

老子说："大音希声，大象无形，大智若愚，大辩若讷。"都是这个意思。

最大的、最真的、不变的，一定是无限的心。无限的心，就是没有固定界限的心，就是没有具体执着的心。

所以，最重视爱情的人，一定会在相处中经常极端患得患失；最看重金钱的人，在面对利益时，可能随时丧失道德；最爱好娱乐的人，一定会在娱乐中过度沉迷；天天追求健康的人，一定因为太看重健康而犯很多错误，或者因为太重视健康，而不能为他人做出更大牺牲。

只有把修为当成第二重要，把最自在的清静心当成第一重要，才能处处不惑，时时自在而为。

我年轻时候，特别看重过爱情，也特别看重过事业，也特别看重过健康，但我发现，越是特别看重，越会因为看重而产生压力和患得患失，后来便懂得了以其无求而成其求、以其无私而成其私、以其无限而御有限、以其无为而无不治，这样才真正走出了颠倒之苦。

把我的经历与感悟分享出来,就是因为在分享感悟过程中,我又提升了和谐能力。

能够放得下,才能长久拿得起来,不强求是儒、释、道三家共同遵循的道理,这样的中国智慧,要世代相传。而今天太多年轻人,因为不懂这个道理,天天因为求不可得之苦,而患上了抑郁等各种精神疾病。我相信,只要懂得了不求而得,就能渐渐走出抑郁等精神疾病,拥抱生命永恒的春天。

用否定去肯定

用不求之心去完成追求，用不看重爱情的心去认真谈情说爱，用否定之心去肯定所做所为，这叫作相反相成，也叫作负阴抱阳充气以为和。

用不珍惜的心态去珍惜，用否定去肯定，就不会出现极端心态。有人会问，如果用肯定珍惜去珍惜有什么不好的？答案是，在现实中，比如某天你认为母爱特别伟大，需要特别珍惜与母亲相处的时间，于是便发生了用珍惜母亲的心去珍惜和母亲相处，那你一定会处处不自在，因为你会发现，你特别珍惜母亲后，就会越来越不自然、不自在，比如面对人的自然衰老过程，你也会难以接受，于是处处想对抗自然，更加会处处不自在。而实际上，最好的和母亲相处的快乐时光，都是你从来没想要刻意珍惜母亲的时候。只要把相处的极端去一去，就是最好的珍惜。避免过度珍惜带来的极端，最好的方法，就是在你想求珍惜时，用不珍惜的自在去落实自然而然的珍惜。

凡是我们生出了强烈追求之时，这种心态本身就是极端的，所以学会用否定去肯定，恰恰刚好和谐，这也是老祖先所说的阴阳必然相克相生的道理。不会克制一个方向的力量，就不可能和谐运行。

把相克相生理念，化作指导生活、工作的普通的话，就是用否定追求的心态去执行追求目标，这样就阴阳平衡和谐了。

懂得这个道理之后，还需要不断去实践，必须经过长久实践，才能加深加宽对这个相反相成的道理理解。

在与人与己相处之中，我总结出特别实用的方法就是，当我早上纠结于起床还是赖床时，我就马上起床；当我纠结于少吃还是多吃时，我一定少吃；当我纠结于任何事物的时候，我一定选择逆贪婪而行。这就是用克制贪婪的欲望，来长久满足欲望。等修炼到不强求不贪婪时，可以多享乐一下。通过这种修炼，可以以最快的速度提升自在能力。

要把相反相成理解和应用到所有认知与行为里，我觉得只有修行和谐相处能力进步的时候，才是最快乐的时光。

用否定自己的贪婪来实现自己的快乐，用否定任何事的重要来实现投入任何事,不把一切当真才能每个当下真正自在认真。

为什么有的人与谁相处都自在呢?因为他把相反相成修炼得好。

我们所说的世界,是体验出来的颜色、声音,我们所描述的一切,都是阴阳变化而已。之所以用否定去肯定,就是因为世上本无事,是体验阴阳变化规律,让我们区别出了所有的事。

不要把事真的当真,却要注定在当下投入于做事,这样才能自在幸福。

相处之道

CHAPTER 6

第六章

能力修炼之道1

做痛而不苦之人

一个人踩了我的脚,踩得很痛,如果我想让他道歉他却不道歉,我就感觉到了苦,这个苦的来源,就是因为我求了不可得。

一个人得了一场重病,身体会痛,如果他想快点好起来而现实又恢复得很慢,他就感觉到了苦。由于人生的所有苦,都是因为求不可得,所以去掉求不可得,就离苦得乐。

做一个有痛而无苦的人,要从起心动念上去修。

一个人迷恋购物,经常追求更好看的衣服,天天追求更好的物品,永远在追求更好外物的路上,但却很少有人知道,为什么人要不断追求更好的外物,答案是,因为对比。

因为你买到的任何衣服,只要你拿着你认为不好的跟它对比,就会感觉这件衣服好,只要你拿着更新更好的衣服跟它对比,就会感觉这件衣服不好。你永远都在寻找更新的衣服,你买到的任何衣服都一定会因为对比而显得不够好,所以你越增加寻找新衣服的频率,你否定原来衣服的速度就越会越快。就像一个人天天寻找更合适的人,那他的眼前人就都会让他感觉不合适。同样,一个人天天去对比别人的生活,就会加速否定自己的生活。

人生幸福快乐,重在不求而得。想要快乐,

千万不要天天追求快乐；想要婚姻幸福，千万不要天天追求幸福；想要发财，千万不要天天追求发财。

想要得到什么，就要向着反方向修行。想要成就大，就要做好当下的小事；想要更快乐的人生，就去接纳更多的不快乐。

古人说，一阴一阳谓之道，老子说，负阴抱阳充气以为和。为什么不说一阳一阴谓之道呢？为什么不说抱阳负阴呢？为什么阴在前阳在后呢？

因为静为燥君，只要你内心清静，就利于你做任何事，只要你承担好了阴，就自然成就了阳的能力。

只要你能充分地接受不快乐，快乐便唾手可得，只要你能从容化解不幸福和苦难，人生便到处都是幸福的。

老子说："受国之垢者，可以为社稷主。"只要有了自在承载不如意的能力,便能担当大任。

人生最大的迷惑,就是不懂得相反相成的道理,所以处处追求,处处烦恼。

做个不苦之人,就是要从起心动念上修,不去求不可得,想要什么,要懂得从它阳的反方向去修,即修炼负阴能力,负阴能力修炼好了,阳自然入你怀抱,这就是负阴抱阳的道理。

唯有活好了当下,才能活好这一生。要排除所有干扰,投入当下的烦恼,没有什么比你自在而为更重要。

自在地为国为民去奋斗,自在地为家为团队去工作,这是人应该实现的人生状态。

自在地为人民服务,是人生修行的重中之重。做一个离苦得乐之人,去投入到全心全意为人民服务中去,便是值得的人生。

定力的修炼

想拥有投入当下事业的定力,是无数人的梦想。通常,都是三分钟热血,今天说要学会书法,明天说要学会武功,后天又想持之以恒地瘦身减肥。但真正能持之以恒一门深入的人,总是凤毛麟角。

于是人们就不断寻找原因,其实我认为最大的障碍，就是心有旁骛。小时候学过小猫钓鱼的故事，我们笑小猫不能投入钓鱼的事业，后来才发现，自己就是那只小猫。

工作的时候，想的是这份工作不如意，想去旅行或羡慕更好的工作。

其实如果我们真的懂得体验世界的真理，就会有了持之以恒的定力。前面章节不断解读的就是一阴一阳之谓道，对于这个道理老子的解读是："损之而益，益之而损。"意思是不管我们在干什么，都有好的一面，也有坏的一面。

比如我们有钱有闲是大多数人认为的好，可如果我们因为有钱有闲，整天吃喝玩乐，就会荒废我们的各种能力、品质。古人说："生于忧患，死于安乐。"也正是这样的告诫。

让我们觉得是逆境的所遇，能顺利走出去时，一定提升了我们的和谐能力；让我们觉得是顺境的所遇，如果不能逆修身，就会因为贪图享乐而不闻其香。

　　这就是损之而益，益之而损的道理。没有任何一个遇见是更好的，想要活得更和谐，就必须提升体验能力。

　　所以，能让自己有定力减肥的认知，一定是觉知到任何瞬间具体的享乐，一旦沉迷，就会在整体长久上产生坏处。如果放纵于享受美食，就一定对整体长久健康产生危害。

　　同样，我们就算过上了另一种生活，得到了另一个工作，也要靠提升和谐能力才能活得更自在，而不是靠外物的增加，也不是靠享受的增加。

　　懂得了损之而益，益之而损，才是真正让我们脚踏实地修正的道理。只有心无旁骛，才能过好生活，做好工作。

　　有人说："为什么我学了很多道理，却过不好自己的人生？"我觉得，那是因为他没有学懂正确的道理。

妨碍我们持之以恒自律的，也同样是那个求不可得。不是说不可以换工作，不是说不可以去旅行，而是没换工作之前，就应投入于当前的工作；没去旅行之前，就应过好当下的生活。

损之而益，益之而损，正是对一阴一阳之谓道的解读。损是阴，益是阳。损失在一面，应对好了损失，就提升了应对能力，这就产生了益；益是好处，得到好处不能沉迷于享受这个好处，一旦沉迷就会因为极端而带来损失。

总之，无论如何都要以修行为重。

有了持之以恒的定力，还要有应变能力，这一定（静）一变（动），需要全面修行，这样才能静如处子，动若脱兔。

应变能力

有了持之以恒一门深入的定力，我们就做到了安心做事，但在每天的生活中，却需要娱乐，需要幽默，需要艺术，需要休闲。人们都说劳逸结合，我们有了做事的定力，还要有美的变化能力和体验。

什么是应变能力？应变能力就是不脱离和谐的

相处之道 | XIANGCHU ZHI DAO

变化能力。比如，一个男人对他的女朋友，天天重复同样的赞美之词，就会让他女朋友觉得无趣，这就是缺少变化。缺少变化的生活和工作，都会让人觉得无聊，于是很多人才厌倦生活和工作。

识变，应变，求变，是习总书记对我们工作、生活的总指导。根据我的理解，所有变化都可以理解为阴阳变化。相处之中，只要精通于阴阳变化之道，就不缺乐趣和色彩，也不缺创新和发展。

什么是变化能力？说白了就是灵感涌现。那么一个人在什么心态下，最利于他涌现灵感呢？当然是自在心态下，是最利于他发挥灵感的。

说一个人特别幽默，就是指他在相处过程中，擅长于有趣的交流，怎么做到有趣的交流呢？灵感不断，变化就不断，创新就不断。

说一个人会写文章，也是指这个人很有灵感，能够推陈出新。

总之，说一个人特别有魅力，通常都是指他的灵感多，能够不断推陈出新。所以人常说，漂亮的皮囊千篇一律，有趣的灵魂万里挑一，指的也是一个灵感不断涌现的人，魅力无限。

想发挥灵感的前提是内心自在，可是很多人会说，我也内心自在了，可还是觉得与人相处时无趣，并且自己独处时也不能自嗨，这是因为缺少修炼。

修炼变化能力，就是去体会任何变化，然后心无旁骛地去投入练习，在练习过程中顺其自在地发挥。比如，可以去唱歌，在唱歌之时加入自在变化；可以去跳舞，在跳舞之中加入自在变化；可以去干任何事，在做事时，加入不破坏和谐的变化。

只有天天去大胆尝试，才能修炼得越来越好。只要认真投入，遵循自在而创变原则，不破坏和谐相处，就是每天的功课。

想要什么能力，就去修炼什么功夫。想让自己变得幽默有趣，富有创新能力，一定要经常去尝试，或者在家一个人练习，打开自己的众妙之门，或者在好朋友面前尝试打开自己，总之不修不炼，是不可能提升能力的。

只有每天热爱修炼变化能力的人，才能在相处过程中越来越有魅力。能力都是修炼出来的。有了正确的道理，差的就是我们的真修实干了。

沉静的力量

今天我们面对无数门类学问和海量的知识，却不知道自己最该修什么，才能让自己更有力量和能力。

对于一个人而言，谈到力量，我们会说有两种力量，一种是身体的力量，一种是精神的力量。老子说："胜人者有力，自胜者强。"

相处之道 | XIANGCHU ZHI DAO

老子的意思是，自胜的力量，是最长久成就其强大的核心力量。自胜能力，是一个人或一个家庭，一个团队或一个国家，最厉害的能力。

自胜能力该如何提升？答案很简单，在认知方面，发上等愿，结中等缘，享下等福；在行为上，择高处立，寻平处坐，向宽处行。这是左宗棠的二十四字对联，也是他留给后世的人生智慧。

能做到这二十四字的人，每天都是在自胜之路上前行。

首先是发上等愿。很多人的人生理想是，过好个人的小日子，这似乎没有问题，但真的能实现过好小日子的目标吗？答案是很难，因为不了解一切，就不可能和一切所遇相处和谐。而了解一切的前提是，心怀天下。只有心怀天下之人，才能风声雨声读书声声声入耳，家事国事天下事事事关心。一个人连天下事都不关心，怎么可能从容应对天下事！发上等愿，就是要心怀天下事，把天下事当成自己的事去认知，去关怀，去想办法解决问题。在这个过程中，不断自我超越、升级认知，最终便会与天下所有人和事相处。

结中等缘的意思是，与人相处，不与小人深交，也不能太挑剔交往对象，这样才能广泛深入地了解人，广泛深入地了解人，才能更和谐地与人相处。

享下等福的意思是，要节俭才能养德，要不奢侈才能保持苦中作乐的本色，这样才能一直走在自我超越的路上。

择高处立指的是，任何时候，都要站在整体长久上看问题，比如我与你谈话，就一定是把你我看作一体，而不能仅以我个人欲望作为主体，而且要考虑到长久的好处，如果瞬间具体的行为会伤害这个整体长久，那就要去掉具体瞬间的极端。向高处立,让我们每时每刻都有一个整体长久的视野,不至于被瞬间具体的欲望带偏。

寻平处坐的意思是,想要稳定发展或修养生息,一定要让整个事态平静下来。在个人修行上是指,想要稳定修行超越自我,内心一定要平静如水,内心不平则不利于做事。

向宽处行的意思是,做一个事业,一定要有最大的可能性实现,才投入资金和精力。尽量不打小概率获胜的仗,尽量不用赌博心态做事。向宽处行,在日常修行中,可以理解为,抓住必然能实现的道理,然后日复一日地修炼,日久天长,自然便会不断超越自我。

左宗棠的这二十四字对联,对我很有帮助,让我在无数选择中,能看清正确的修行方向。

这一节叫沉静的力量,什么是沉静的力量?沉静的力量,就是正道的力量,就是正念的力量,就是发上等愿、结中等缘、享下等福的力量，就是择高处立、寻平处坐、向宽处行的力量，也是负阴抱阳的力量，更是古往今来中华智慧的力量！

相处之道 | XIANGCHU ZHI DAO

认识天赋

现实生活中，我们会时时刻刻感受到，人的能力与他与生俱来的天赋密不可分。认识天赋就是认识一个人的先天能力，先天能力可以分为阴阳两方面来认知，阴性能力叫定力，阳性能力叫应变能力。通常定力强大的人，具体瞬间的变化能力就会弱一些，但如果此人后天沿正道修行，虽然他的应变反应速度不快，但他容易通过定力抓住变化的关键，更有利于解决主要矛盾问题。另一种人是变化能力强、定力弱，这类人说话、办事都显得活灵活现，就是我们说的会来事儿的那种人，这类人的优势在于瞬间进入新状态，瞬间适应新环境，但这类人不容易持之以恒悟道，所以他们成为小聪明的概率往往特别大，很难有大智慧。

通过这些认识，就可以理解，为什么很多小孩看起来活灵活现，反应特别灵敏，却就是对整体长久的道理听不进去，也很难有持之以恒的定力做一件事，其实就是因为他的定力不足。

还有一类人，其瞬间变化能力和定力比较均衡，这类人就是我们所说的比较通情达理的人。但由于他阴阳两者均衡，也就很难有一个极端特别擅长。

所以，这三类人中，第一类人往往更适合做领

相处之道 | XIANGCHU ZHI DAO

导和思想工作，或者从事简单、重复的工作；第二类人往往更适合做迎来送往的工作，或不断见新客户的销售公关工作；第三类人，适合的岗位特别多，有广泛的适应性，但未必做得特别突出，通常也可以做一个中层管理者。

我们识别自己和他人的天赋，也就是先天，并不是真正的目的，真正的应用是，顺应他和自己的先天，走出正确的后天之路。

顺先天后修后天，叫作顺其自然而修行。比如，如果我是第一类定力强的人，就应该时时修炼感悟能力，这样虽然我的变化能力不强，却可以通过我的定力抓住变化中的主要矛盾，去精准、有效地解决问题；如果我是第二类人，就要利用我的变化能力，修炼自己在一个门类里充分施展变化的能力，而不是一边捉蜻蜓一边捉蝴蝶，只要我一直在一个行业或门径里，不断提升变化能力，就等于有了强大的定力；如果我是第三类人，就要从定力入手修感悟，从变化能力入手修微妙变化，让这两者共同提升。

对于识别孩子的天赋，和顺其自然引导孩子，也应如此。先识别他是哪一类孩子，然后按上面所说，进行引导教育，这是顺应爱好而教，叫作寓教于乐。而不是逆着他的先天秉赋，如果处处逆着他的天赋，就可能导致他长久不顺心，而长久不顺心，则会导致抑郁症。

识别先天秉赋，顺应秉赋而修行，才是真正的教育之道，也才是和谐美好的相处之道。

相处之道

CHAPTER ⑦

第七章

能力修炼之道2

天道酬勤

古往今来，中华民族都是勤劳的民族，我们更是以勤劳为美德世代相传。可今天社会上却出现了否定天道酬勤的观念，而且得到了很多人的认可。他们之所以否定勤劳致富，是因为他们没有认清勤劳的本质。

关于持之以恒的奋斗和选择哪个更重要的问

题，很多人认为，选择对了方向，大于努力，这看起来是对的，但实际上选择正确这一者叫理论正确，持之以恒的奋斗叫投入于实践。

做成功任何事业，都必须具备这两者能力，一者是方向正确（选择），一者是持之以恒地走下去（勤劳）。也可以理解为一者是发心，一者是行动。

由于做成任何事业，都需要选择和勤奋，所以就不存在否定持之以恒努力的条件。天道酬勤，永远是正确的。只不过这个勤奋更重点在身而不在心，最正确的状态是内心自在轻松，身体力行却能勤劳奋斗，叫作顺其心逆修其身。

逆着自私和贪图享乐去修行，就是需要勤劳其身体。认可天道酬勤，才能冬练三九，夏练三伏，在修为上持之以恒；认可天道酬勤，才能脚踏实地真修实证；认可天道酬勤，才能有不屈不挠的人生斗志；认可天道酬勤，才能远离投机取巧的懒惰借口。

人生最大的成就，是自己提升重要的和谐能力。记得老人告诉我："只有你的能耐别人偷不去。"什么是人生最重要的能耐？和谐相处的能力。而修炼这个能力，必须遵循古人的智慧，必须持之以恒地为人民谋幸福，持之以恒地关怀家国，持之以恒地在修齐治平的道路上走出更大的自我。

内心清静自在，行为勤劳不懈怠。要以古往今来的有道之人为榜样，而不是以某个瞬间的所谓的成功人士为楷模。认可道德修为永远比认可发家致富重要，因为道德修为修出的能力就是你的灵魂本身。

天道酬勤。天行健，君子以自强不息。老祖宗传给我们的这些经典的人生智慧，暗藏着全面指导人生的正确道理。做事是离不开持之以恒的精神的，想要提升灵魂的和谐相处能力，必须要经过千锤百炼，没有一番寒彻骨，哪得梅花扑鼻香！

千锤百炼成精钢。《菜根谭》中写道："欲做精金美玉的人品，定从烈火中锻来。思立揭地掀天的事功，须向薄冰上履过。"

提升与一切相处的和谐能力，不但要坚定天道酬勤的理念，更要勇于面对人生的所有苦难，越是经过了千锤百炼，就越能加速我们离苦得乐的步伐。

千锤百炼

　　一直处于清静自在心态，就走在了最好的修正之路上，这样的清静修行持之以恒，才能步步为营，不断提升能力。

　　任何能力都是在学以致用的条件下，再经过无数考验，才能成就卓越的。真正的功夫，都不是一朝一夕练就的。

比如想一直处于清静自在心态，就要不断接受各种不如意的考验。只要出现一刻不如意，就修这一刻不如意为如意，只要出现不清静，就要马上去掉求不可得的心，恢复到清静状态。

我总结了下人生修行面对的主要挑战，第一挑战，是寂寞挑战。大多数人一遇见寂寞就马上跑去寻找新鲜刺激，这就是逃避修行的挑战，这一次跑了，寂寞却没有离开你，它仍然在等你，而且下一次遇见它，寂寞更深了。

不存在可以躲得过去的寂寞，唯一的办法是直面寂寞，当下投入于做事之中，哪怕只是唱唱歌，喝喝茶，当你不怕寂寞时，寂寞就没有那么恐怖了，当你欣赏寂寞时，寂寞就是清欢了。

如果寂寞挑战是第一关，走过了第一关，将遇见第二关，第二关的挑战往往是没有持久力。不管做什么，没有很好修行的人，都没有足够的耐心做

第七章 能力修炼之道2

很久。为什么没有足够的耐心做很久呢？因为不能投入到忘我状态。只要你不够投入彻底，就永远处于心事两分离状态。唯有做到心事合一，才能忘记时间过了多久，就像我们看抖音，时间在不知不觉中就过去了。多数人只在吃喝玩乐中忘我，那不是真正的修行，真正的修行是在工作中忘我，是在为他人服务中忘我，是在提升和谐能力中忘我。

在修行中经常忘我地投入，不管面对的是一棵树的感悟，还是走路，都要忘我投入，只有这样才能往深里走，往心里走，往实里走。

我总结的第三关，是突发事件关。比如突然得知亲人病重，突然有喜事到来，突然面对新的重大任务，对于这些突然袭来的福祸，我们能不能仍然保持清静自在心去面对？有人可能会说，遇到突然的大喜事怎么还要保持清静心啊？直接尽情地去亢奋就得了呗！如果你因为得到而特别亢奋，就会因为失去而特别悲伤，只要你的心被喜事牵向了阳极，就一定会转向阴极，阴阳两极的巨大落差形成的就是患得患失。患得必然患失，修行者不可不知。

这三关，是每个人都要面对的考验，谁能自在通关，谁的人生体验就自在清静。否则，必然颠来倒去，充满烦恼。

人心要接受千锤百炼的考验，考验的就是我们的心态，我们修正的就是去掉极端体验。

懂得了这三关如何应对，就找到了自在清静的钥匙，它能帮助我们经受生活千磨万击的磨炼，走出来大自在的修为。

加速能力增长

人人都想提升能力，却总是苦于求之而不得。其实我们要懂得，任何能力提升都需要几个必然条件。

能力提升的第一条件是，在修炼的那个维度里，要做到自在而为。不能自在投入，就不可能有效提升。第二个条件是，自在而为的时间越长，在那个维度提升能力的速度就会越快。

比如，如何把一份陌生的工作做到熟能生巧呢？第一，要做到认可这个工作，认可才能投入，自在而为才能学得快。第二就是持之以恒地自在而为。这两者做到了，无论你的天赋如何，都是你个人提升能力的最佳道路。

所以，总结下，自在清静心是天下正，干啥都最佳；求不可得心是天下错，干啥都最差。

自在清静而为是天下正，持之以恒，必然能力加快提升。

而纵观人生所有维度的所有能力，比如游泳能力、开车能力、演讲能力，等等，一般都是侧重于技术的能力；还有比如当管理者的能力、教育人的能力、写书法的能力，这些都是侧重于方法的能力。而古人所说的得道，是精通于道的能力。

侧重于方法或术，如果不精通于道，就会缺少

第七章 能力修炼之道2

整体长久的正确判断，就难以理解所有方法和技术的来龙去脉。

我们这里所讲的相处之道，主要是从懂得大道出发，去更好地理解和应用所有的法与术。

以道御法术，才是最正确的人生智慧。提升道德品质，提升和谐能力，才是提升所有方法、技术的根本。

将正确的道理落实在管理之中，就是管理之道；落实到书法之中，就是书法之道；落实到解决烦恼之中，就是解惑之道；落实到相处之中，就是相处之道。

只有提升对道的认识，才能更清楚理解所有的知识和经验。懂得相处之道的核心，是懂得中国古往今来的阴阳之道，是懂得和谐之道，是懂得相反相成之道。

唯有清静自在的心态，才能学好阴阳变化之

相处之道 | XIANGCHU ZHI DAO

道；唯有持之以恒的清静自在心态，才能深入浅出地理解与应用和谐阴阳的相处之道。

加速能力提升，要提升的是识别阴阳变化的能力，要提升的是在实践中不断去极端，以达到更和谐自在的相处境界的能力。

孟子有言："得道者多助，失道者寡助。"意思是，顺应大道而行，能够与人和谐相处，自然得到更多人的帮助；而不能顺和谐之道而行，就很少有人会帮你度过危难。

人这一生说长也长，说短也短。若能够时时修行正确，就没有必要浪费时间去沉迷声色犬马。

下一节我们就谈一谈声色之惑。

声色之惑

一个人内心越是燥动不安,越是无法得到清静喜悦,无法清静喜悦,就是在否定当下。

所有让人燥动不安于当下的原因,都是因为远求,可以将其总结为心有旁骛,或者形容为眼高手低。

很多人的内心都经常感受到,心比天高,命比纸薄。这其实不是因为命比纸薄,而是因为心里成天想要的不是能力提升,而是享乐声色犬马。

　　声色本无错,贪婪成其惑。声色本来没有过错,就像一把菜刀,它本身没有功过,是人的使用不当,造成的伤人伤手。

　　减少对自己和他人的伤害,就是去掉相处的极端运行状态。喜欢声色娱乐,喜欢吃喝玩乐,这本身没有过失,但如果沉迷,就会造成极端。

　　浏览短视频很正常,但如果一直沉迷,就会让眼睛干涩。久看短视频,也会坠入久看不闻其香的状态。

　　不能贪图声色娱乐。老子在两千多年前,就写道:"五色令人目盲,五音令人耳聋,五味令人口爽,驰骋畋猎让人心发狂,难得之货让人行妨。是以圣人为腹不为目,故去彼取此。"

　　这段话的意思是,沉迷于声色犬马娱乐,会让人渐渐品味麻木，导致疯狂追求更大的刺激，如同饮高浓度盐水止渴，会越饮越渴。

同样，他认为沉迷于积累金银财宝，也是如此。所以，圣人能够温饱就不再贪图个人享乐，而是把更多的时间精力，用于修身和服务他人。

这就是两千多年前的智者，给后人留下的人生指引，穿越了漫漫时空，时至今日，依然是对声色之惑，最好的解惑之道。

个人享乐，每天温饱便可。把剩下来的大量时间、精力，用来修身齐家治国平天下。

面对声色犬马的诱惑，要看清，若沉迷于声色，即使再怎么新的体验，如果体验能力不提升，也是翻来覆去的重复而已。不提升体验能力，就像毛驴拉磨一样，总是走不出那个圈。通过这个道理，也可以理解，为什么沉迷于声色犬马越久的人，往往感受的不是充实，而是空虚。这是因为每个人的内心，都需要更通达才自在。

真正的智慧提升过程，是排除内心阻碍，让内心表达更通达，而不是给内心增加无数的道理。

内心通达的表现，就像人身体气血运行通达一样，通达就更有精力挑重担，通达才能行得更远，活得更久。

通过去除干扰阻碍的方式，让内心长久清静喜悦，持之以恒，内心自然而然会更加通达于万事万物，这就是不求而得。

由于这样的认知，一般人不理解，也不认可，所以，大多数人都在给内心添堵，而不是排除障碍。

第七章 能力修炼之道2

减法中修行

加法中享乐,减法中修行。

人们经常说,追求享乐是人的本能。这没有问题,但不要忘记,这个本能是在忧患中修行出来的。若没有持之以恒的修行,本能就会死去。如果本能都退化和凋亡了,又何来享乐?

生于忧患,死于安乐。所有的能力都是生于忧患，死于安乐的。所以，在享乐上做加法，越增加能力就越减少，反之，越减少享乐，越可以让能力得到提升。

在享受中经常主动做减法，是所有修行者必然铭记的箴言。

如何做减法？第一向少私修心，第二向俭修身，第三向低谷修高峰。

这三者，也是老子所言："我有三宝，持而保之，一曰慈，二曰俭，三曰不敢为天下先。"

什么是不敢为天下先？老子说，就是不舍其后而为先。

懂得了这三者是修行三宝，也就懂得了做减法修行的重点。

第一，向少私寡欲修无私奉献能力。这指的是在个人奢侈贪婪上不断以做减法为方向。

第二，向享乐的少修享受的多。诸葛亮说：

"静以修身，俭以养德。"很多人可能不懂得俭以养德的修行方法。老子说："少则得，多则惑。"想得到更整体长久的享受，就一定不能贪图具体瞬间的享受。所以，要向享乐的少里得到多，而不是向享乐的增加里得到更少。比如，一个人贪吃，看起来这一顿吃得更饱，甚至天天吃得比别人多，但从整体上看，越吃得多，越容易引发各种疾病，长久吃得过饱更是后患无穷。因此，古人说，食不过饱。一个懂得真理的修行者，一定懂得，俭的好处在人生长久上体现，而奢的好处只是瞬间感觉刺激。贪瞬间具体享乐的小便宜，一定会在更大整体和长久上吃大亏。

由于任何具体瞬间越是刺激，就越对整体长久的人生更坏，所以向更俭而活，才是长久美好之道。

在相处之中也是如此，不能只追求具体瞬间的刺激效果。这也就能理解，为什么凡是那种给人瞬间打鸡血的，都不能持久起到好的作用。

第三，向低谷修成高峰。老子说："江海之所以能为百谷王者，以其善下之，故能为百谷王。是以圣人欲上民，必以言下之。欲先民，必以身后之。是以圣人处上而民不重，处前而民不害。是以天下乐推而不厌，以其不争，故天下莫能与之争。"这段话所表达的意思，就是向低谷出发，修成德高望重之人的关键。想成就心量之大，必须能容解天下人的善与恶。想要成为人上人，必须吃得苦中苦。想要引领别人当好领导，必须能承受困难的考验。修成了这样的能力，你的相处对象才愿意跟随你。

这三宝，第一宝是要在自私上不断做减法；第二宝要在享乐上不断做减法；第三宝是要在争先之虚名上不断做减法。很多人会说，不争先怎么行？人生就是要敢为天下先。说这样话的人可能不理解老子的话。不舍其后而为先，说的是这样一个道理：只有服务好了后面的或下面的，你才能一直在前面和上面。

就像我们党一定要全心全意为人民服务，才能立于不败之领导地位。

在争先之心上不断做减法，就是不把真正的争放在争夺地位上，而是将其转化为切实更好地为人民服务。

相处之道 | XIANGCHU ZHI DAO

长久之计

无论是每个起心动念,还是具体做每件事,摆在我们心里都有两条路,一条是从于瞬间具体的好处去走,一条是向着整体长久的好处出发。

如果一个人处处贪瞬间具体的便宜,那他一定在整体长久的人生里吃大亏,这就是贪小便宜吃大亏的道理。

比如，在具体瞬间上看，多吃好东西，多吃香东西，一定是占便宜的。更香的就更好吃啊。但别忘了，更好吃的一定热量更高，或刺激性更大，长久吃下去，就会严重伤害人体。所以说，饮食以清淡为主，永远是对的。清淡为主，刺激为次，才是正确的价值观。清淡清静利于长久之好，极端刺激只是瞬间之好。

另外，所有对人的具体某个维度刺激特别大的，往往对人的整体不利。比如，中医说，是药三分毒，越是对某个器官效果特别明显的药物，对整个人体的副作用也越大。再比如，越是听起来对我们某个维度特别好的东西，一定对整体有特别不好的副作用。这就是说，对具体看起来特别好的，一定要警惕它对整体的伤害作用。不到万不得已，不能用特别刺激的手段对待自己和他人。

长久之计，就是老子说的恬淡为上。无论做什

相处之道 | XIANGCHU ZHI DAO

么,都要恬淡为上,不要完全顺从于具体瞬间的驱使,这样才能在整体长久的人生里,享受到真我之乐,和谐之美好。

每个当下,人的每个起心动念,都在选择。比如,当下你在看风景或在工作,能不能投入其中,决定了修行的快与慢。越是投入当下,修行进步越快;越是往深里走,往心里走,往实里走,进步越大。如果不能投入,总是心有旁骛,总是求各种不可得,就一定烦恼不断。活着就是在选择,这块肉吃或不吃,这件衣服买或不买,这个人交与不交,这个道理学与不学,这些选择都决定了我们的修行是否正确,这些选择也决定了我们整体长久的修为。

如果一个人念念、处处都能从整体长久的正确修行出发,一定会在更长久的人生里,收获和谐相处能力的升级。

要相信"天下大事作于细,天下难事作于易"的道理,修行就在当下,只有每个当下的选择正确,才能带来长久的美好,这个美好就是和谐能力的升级。

相处之道

CHAPTER ⑧

第八章

与人相处之道

第八章 与人相处之道

知错就改

在与人与己相处之时,如果知错不认或知错不改,是很容易让自己和他人厌恶的。为什么人特别讨厌知错不改的人?因为这是个大毛病,不是个小错误。

老子说:"学不学,复众人之所过。以辅万物之自然而不敢为。"意思是,修道的过程,是懂得天下人的错误，自己不要去犯，从而修正到自然而然，不去犯错。

多数人认为，学习是增加正确的知识和技术，但对于真正的学习过程，却不是增加什么，而是不断去掉自己的刻意和极端的过程。比如学习开车，看起来是越学收获的技术越多，其实真实的体验是，学得越好，越是忘记了初学的刻意，越学越是去掉了极端心态，从而达到了不用刻意就开得很好，甚至经常忘记了开车的动作，却开得自然、稳妥的程度。

学习开车最需要注意的是，不要犯常人所常犯的错误，只要把重大错误去掉，自然而然就会越练越通达、自在。

任何学习都是如此，任何相处也是如此，重点不是增加新的知识和技术手段，而是知错就改。要不断总结自己的极端错误，当你懂得要经常去掉极端的时候，对于你有效的新知识已经产生，对于你有效的新技术已经达成。

"为道日损，损之又损，以至于无为。"这是老子的修正理念。修正大道，重点不是一味求知识的多，而是知错（极端）就改。

什么是人犯的错呢？在心灵方面，错误的反应现象就是不自在，不自在就是求了不可得；在身体方面，错误的表现现象就是身体痛或特别难受。通过身心两方面的错误表症，可以时刻检测自己的错误。

化解心灵运行错误的办法，就是不去求不可得；化解身体运行错误的办法，就是去掉极端，比如避免运动劳作过度，也要避免缺少运动过度。

在与他人相处过程中，要时时感受彼此的表现，看对方是不是特别不舒服，不舒服就是不自在，不自在就一定是因为彼此的交往出现了极端。

相处之道 | XIANGCHU ZHI DAO

比如有一方在求不可得,只要有一方在一直求不可得,相处就很难和谐。所以,一个人特别贪婪,就很难和人和谐相处。

相处之道,重在去掉刻意和极端,刻意本身就是心灵运行不自然的表现,所以极端的心灵运行叫刻意。

老子说:"圣人去甚、去奢、去泰。"去甚、去奢、去泰,所去的就是极端。

知错就改,是最好的美德,因为只有知错就改,才能加快修正速度,只有知错就改,才能更和谐地与天下人相处。

心灵不需要为其增加太多东西和记忆,给心灵增加越多杂乱无章的知见,心灵就越痛苦,因为人心只适合清静无为。

人最大的错误,就是在后天不断给心灵增加负重。心灵本是轻松自在的,也应该一直轻松自在,这样才能活出真我。

第八章 与人相处之道

最好的爱

在与人相处过程中，人总是想用最好的爱去爱他人，或是想得到他人对自己最好的爱。

爱这个字，在今天已经被绑定在爱情上了，大多数人一想到爱，想到的就是男女之爱。

爱和情，在古代是两个没有走到一起结成词的字。在古代，爱是类似很喜欢的感觉，情是类似于很留恋的感觉。我总结的是，爱和情，爱是具体瞬间的特别喜欢，情是整体长久的特别留恋。

最好的爱，一定是以整体长久的深情做基础，深情是爱的大海，爱是深情泛起的浪花。

与自己相处，如何更会爱自己呢？我的答案是，对天下更有深情；与他人相处，如何更会爱他人呢？我的答案是，对所有人更有深情。因为一个人越是独处，越是要面对整个世界，这时候如果你觉得人间不值得，当然就会特别痛苦；而与他人相处，如果你对各种人的各种表现不能予以宽容、理解，就不可能应对好对方的不同表现。人与人总是相似的，天下与人总是一体的。

最好的爱，它的基础是内心容纳天下事，内心关怀所有人，只有打好这个爱的基础（深情），我们才能更会爱。

爱是情的表现，情是爱的根基，所以我们说人是有情感的，而不说人是有爱感的，道理就在于：情是爱居住的海，爱是情泛起的浪花。在具体瞬间上，一个人可以爱上很多人，但一生中能让他用情至深的人，可能不多。

只有长久的会爱，才能培养出深情厚谊。同样，只有长久和谐地与天下人和事相处，才会觉得人间值得，大道美好。

只有普遍的爱越深厚，特别的爱才越长久。不能深入理解一切，就不可能不断超越小爱、走向大爱。

最好的爱在认知的路上，在自我超越的路上，在修炼负阴抱阳的路上，在学习古圣先贤智慧的路上，也在每个当下投入的一餐一饮之中。

最好的爱是沉静的，是清静的。内心投入于相处之中，可以哭，可以笑，可以打，可以闹，但心灵的整体是清静自在的。

相处之道 | XIANGCHU ZHI DAO

最好的爱是灵动的,是变化多端的互动,是幽默风趣的聊天,是工作中灵感的爆发,是恋爱时深情的一瞥。

最好的爱是不负韶华、不辱使命的,是可以肩负家国重任的,是上对得起先祖、下对得起子孙的,是传道授业解惑的温暖,是共渡难关的同舟共济,是同一个国度、同一片家园。

最好的爱,就在当下,就像真理永远在面前,能不能用心去发现,去发现祖先的指引,还在我们自己。举手投足间,流露着深情的希望,爱的箴言。

体验美妙

人为什么喜欢爱情?因为爱的体验是美妙的。

为什么很多人天天都想去旅行?因为旅行能给他带来新的体验。追求新的体验,那个新的体验就是美,就是妙。

相处之中,如果不能出现新的体验,就没有美妙。没有美妙的生活和工作,人会受不了,具体反应就是不爱生活和工作。

我们的爱，只能给美妙的体验。我们的情，只能给美好的体验。

美妙和美好最大的区别就是，美妙侧重于具体瞬间的新鲜，美好侧重于整体长久的和谐。

比如，幸福是一种美好的体验，快乐是一种美妙的体验。幸福的体验是比较安静的，快乐的体验是比较灵动的。这两者的关系是一阴一阳谓之道。

不精通于变化无穷，就不精通于表现美妙；不精通于虚极静笃，就不精通于体会真理。

一个人长久的幸福，来自于懂得安静生活；一个人持续的快乐，来自于擅长和谐变化。

这两者，都需要修炼。老子在《道德经》中指出："故常无欲以观其妙，常有欲以观其徼。"他的意思是，想体验美妙，就不能进入到固定的视角；想总结道理，就一定要有固定的视角。

第八章 与人相处之道

比如，与人交往，想让谈话妙趣横生，就不能按住了一件事说道理，与之相反，想让谈话深入道理，就一定要按住了一件事去感悟。

很多人就是不懂这个道理，所以面对喜欢妙趣横生的交往对象，却一直抓住他讲道理。与之相反，面对特别不喜欢乱侃大山的人，却一直让话题跑来跑去。

世界上的人可分成三类，一类人特别喜欢玩，一类人特别喜欢道理，还有一类人两者都喜欢。

大多数人都喜欢美妙，也就是说，大多数人都喜欢有趣好玩的互动。所以，要想与最大多数人打好交道，就应该修炼美妙之道。

漂亮的皮囊千篇一律，有趣的灵魂万里挑一。这句话也生动地说明了，大多数人大多数时间，喜欢的相处是有趣的。

有趣的相处，就是美妙的相处，也是快乐的相

相处之道 | XIANGCHU ZHI DAO

处。修炼有趣的能力，一定要遵循常无法则。

常无就是不带有任何定式和成见，没有任何拘束和绳索，一定要尽可能随意。比如，面对一个人，如何最快速地走进他的内心呢？就是你先放开所有的拘束，尽情尽兴地表达自己的想法，你对他不设防，他才能对你不设防。你若自在，他也花开。这是美妙相处的前提，就是说你不要捆绑住无限表达的可能。

老子说"无绳约而不可解"，讲的也是不用捆绑的交往，才能长久自在美妙。不设固定的标准，是美妙体验的根本。

但美妙的底层是不能突破美好，下一章，我们就来看看美妙体验的基础，即美好体验。

美好体验

美好体验是美妙体验的基础,幸福感是快乐的基础,心中有不变的大道是应对变化的基础,内心懂得正确的道理,是相处和谐的基础。

人生就像盖大楼,想要盖得更高,就必须打好下层基础。美好是美妙的基础,好是妙的基础。一个人的生活感觉很不好,是不可能尽情体验美妙的。

好是全面长久的认可体验，妙是具体瞬间的认可体验。多数人之所以不能尽情享受当下所遇，是因为美好的体验基础不牢。基础不牢，地动山摇。

夯实美好体验的基础，只能从道理上入手，美好的体验是懂得，懂得美好体验的实现方式，相反相成。

想要快乐就要接纳不快乐，想要幸福就要接纳不幸福。想要乐就要接纳苦，想要成功就要接纳失败。比如，投资者想要长久的成功，就要接纳瞬间具体的失败。没有反方向的力量，是不可能有正方向的前行的。

美好之道，就是负阴抱阳之道，懂得这个道理，君子爱财，则要懂得取之有道。想要美好的工作，就从接纳不美好的当下感觉开始，越能接纳不美好的感觉，美好的感觉越普遍。

从长久上看，没有任何事能超过对无限理解的

第八章 与人相处之道

重要,也没有任何事会超过修行的重要。

在当下的生活、工作中,真正美好的体验,一定是来自修行的进步。在相处之中,最美好的体验,一定是懂得了更和谐的相处之道,或是按照更和谐的相处之道,取得了更美好的相处体验。

对于每个人而言,每一天我们都可能错过无数挣钱的机会,也可能错过与更多人相遇的机会,更可能错过无数的风景体验,但我们不应该经常错过的是修正自己。

只有不断地修正极端的自己,不断化极端为和谐,才是最重要的事。

老子说:"以身观身,以家观家,以邦观邦,以天下观天下。"意思是,当一个人以自我为身的时候,就能认识自己的身体;以自我为家的时候,就能认识自己的家;以自我为邦的时候,就能认识自己的邦;以自我为天下的时候,就能认识自己的天下。

最大的美好体验,是时刻觉知到身为天下,又叫天人合一体验。孟子说"万物皆备于我",意思也是天人合一。

天人合一是最大的美好体验,正是这样的美好体验,可以构建所有美妙体验之基。这个基础不牢,所有美妙的体验都是无根之木。

为什么要爱国?为什么要爱民?为什么要爱天下?因为如果你只关心自己,就无法理解更大的天下。老子说:"爱以身为天下,若可托天下。"指的就是,你不够爱天下,就不能得到天下的信任,也不能真正理解天下。

人在天下,最大的美好体验是天人合一。与任何人相处,都是和他共同构成了一个整体,只有全心全意为整体服务,才能尽享相处之美好。

第八章 与人相处之道

沟通要决

表达能力很重要，沟通很重要。刘邦与韩信经过一席长谈，任命韩信为大将军；刘备与诸葛亮一席谈，三分天下。无数成功者都经过了一席谈，从而被赏识重用。我们也懂得沟通的重要性，所以经常学习沟通，经常培训沟通技巧。

什么是沟通？顾名思义，沟是原来就存在，且

相处之道 | XIANGCHU ZHI DAO

彼此没有发生关系的两个对象,这两个对象在彼此需求上,可以构成损有余以补不足的互动关系。比如,一条河,旁边是一块干旱的田地,这时,沟通就变得有必要了,沟通这个概念也就应运而生了。

不是所有的沟通都能彼此成就。就像一条河在那里流淌,如果没有实际需要,是不应该开沟通渠的。所以,错误的沟通,就是将不该开沟引水的地方开了口子,导致了水患无穷。比如,有的人经常跟狐朋狗友沟通,其结果往往是引水为患。

什么样的沟通最有必要?当然是以彼此需要为前提,不但要彼此有需要沟通的可能性,更要尽可能完成利而不害的结果。

根据沟通的第一必要条件,能得出来,沟通的前提是要知彼知己,知彼是指了解他的需要和有余,知己是要清楚自己的需要和有余。最好的沟通条件是,彼此能用彼此的有余,满足彼此当下或长久的需要。

由于每个人都很清楚自己的有余和需要,因此重点就要放在了解对方的有余和需要上。任何人或团队,都有他的有余,也必然有他的需要,你如果了解了他的有余,并了解到这个有余你不需要,沟通就要侧重于了解他的需要了,如果他的需要你也不能充分满足,与他沟通也只能是碰碰运气了。

沟通的过程也是如此,要不断抓住对方的有余和需求,不断向他学习或满足他,包括很多人的沟通纯粹是为了快乐。

在这个过程中,能否满足他的当下或长久的主要需求是他认不认可你的关键,能否满足你的当下或长久的主要需求,则是你认不认可他的关键。如果在聊天或沟通过程中,长时间不能满足任何一方的需求,一般情况下,沟通基本上就宣告失败。

在这里总结一下,沟通的要诀是什么呢?当然是能够随时看出对方的主要需求，并随时能够满足对方的主要需求。能不能做到这两者，是你一席谈能否成功的必要条件，能看清才能更好地满足对方，不能看清也不能满足他的主要需求，通常都是失败的沟通。

一个人，最主要的需求，要么是沟通中的轻松快乐，要么就是沟通中要达成更大的合作。比如，为了谈婚论嫁的沟通，就是一边谈情说爱一边想要更长久的合作。

沟通的要诀，第一要看清对方的主要需求，第二要满足对方的主要需求。成功的沟通，就是成功地互相引水灌溉。仅仅是满足了自己的需求，是不能长久得到灌溉的，那相当于杀鸡取卵。

老子说："天之道，善贷且成。"最好的沟通是互利共赢。只有互利共赢，才能长久合作。

第八章 与人相处之道

瞬间深入

我们都学习过科学知识，学习科学知识的特点是，用脑进行逻辑推演分析，但我们发现，在生活中，如果像解一道几何题那样用脑分析，除了去设计工具和理解工具，好像用处就不大了。这是为什么呢？

因为，科学分析都是在已经确立的条件下，无任何新变化参与下，做出的分析思考，而生活与生命体验中所有的条件，都是随时可能发生阴阳变化的，尤其是人心的阴阳变化，更是瞬息万变。因此我们发现，科学知识学得再好，情商不一定特别高，甚至为人处世可能特别极端。

而人与自己相处，与他人相处，就是在人心瞬息万变的阴阳变化中，去掉阴阳极端反应，这样才能相处得自在美好。生活中，光用科学训练科学思考，是训练不出瞬间准确的微妙互动的，甚至越执着于科学逻辑推理，越不利于微妙玄通的修炼。

科学知识，科学训练，是典型的有为法。有为法的特点是，在固定的条件下，用固定的理解模式，做出固定的结论。当然，不是说科学知识不能用，而是说，科学有科学擅长的，也有这个极端方向所不擅长的。要懂得科学之所长，也要懂得科学之所短，这样才能不困于它带来的不足。

第八章 与人相处之道

无为法的特点是，不管面对的是什么条件，都可以瞬间深入，无需找到固定的方法，更不必得出固定的结论。无为法的特点就是，不完全相信任何固定的模式，不需要固定任何条件，也不强求任何结果，用古人的一个词语表达就是：顺其自然。

不知道大家发现没有，当我们把所有的一切都理解为科学知识的时候，人间的奥妙就越来越少了，我们就不愿意深入了。因为只要我们陷入到有限法的极端体验，与人相处、与己相处便也是如此，理解得越是固定，就越没有灵感的产生，越没有美妙的感受，就越不愿意深入。

瞬间深入，就是要在相处互动中，不在内心设置有限障碍。有限障碍指的是各种执着，比如单维追求执着。一相处，如果你眼里只有某个固定目标，就会忽略相处互动中的美或趣味。与己相处或与人相处，只有每天都减去一些固定的、有限的看

相处之道 | XIANGCHU ZHI DAO

法和目标，才能让每个瞬间，都值得我们投入其中。投入瞬间才能深入理解每个瞬间，才能做出越来越和谐美妙的反应，而和谐相处能力，也自然而然会得到提升。

古人说，成也萧何，败也萧何，指的也是，如果执着于过去的经验和方法，就会在面对新变化时不能真正解决问题，导致失败，也就不再能实现和谐相处。

瞬间深入的修炼，重点在于学会脱离有限的捆绑。任何技术从它出生的时候，就已经走向死亡了；一个方法从它实行的时候，就在等待着人来挑出毛病。这个世界上，只有中国的阴阳变化之道，从古到今，依然正确。正因为法和术的命运就是，它一旦成形，就在等待着变化和新发现来推翻它，推翻它的固定，所以，科学知识每隔一段时间，就要更新。

第八章 与人相处之道

我们中国人学习重在得道，只有深入理解了大道，在道的指引之下去灵活运用法和术，才能无论何时何地，内心都可以以不变应万变。

相处之道 | XIANGCHU ZHI DAO

无限相处模式

上一章说到了无限理解,只有无限理解才能无限深入当下,这对于修行而言,是金科玉律的指引,不可不知。

什么是无限理解呢?当你看见一只飞鸟,不能直接认为它就是只鸟,如果你看见什么,直接就拿出来一个已知,也就不可能展开无限探索了。这种直接用有限或已知来面对相处对象的做法，相当于用盖棺定论的方法，来对待一个活人。

与己或与人与万物相处，一定不能深陷盖棺定论之中。很多人都会发现，正常人越老思想越固化，甚至在动物中也是如此。出现这样的现象，其根本原因就在于，掌握的有限知识和经验越多，越容易在相处中把相处对象盖棺定论。一盖棺定论，就没有深入探索的可能了，所以呈现出来的就是对什么都兴致不大。

今天的很多佛系青年，也往往是因为通过互联网见得太多，得到了太多固定的有限知识和经验，因此陷入了广泛的盖棺定论思维，出现了对任何事物都探索不进去的现象。

真正想做到对这个世界有无限的兴趣，前提条件是，不用盖棺定论把相处对象盖棺定死。

在日常修行中，先不要用成见去待人待己，哪

相处之道 | XIANGCHU ZHI DAO

怕最后你得出来一个正确的成见,也不能直接以有色眼镜看人。

比如,每天清晨,不要先陷入盖棺定论的认知之中,不要认为你只是谁的老婆,不要认为你只是工人,不要认为你只是老人,不要认为你只是人。不用固定的名称概念捆绑无限的自我,才能感受到自己永远是旧的同时,也永远可以化旧为新。

将过去所有固化思想打破,才能升级认知。不要动不动觉得自己老了,你老,还有比你更老的都在开拓认知的新边疆。不要认定什么,比如不要认定现在开始修行晚了,不要认定投资失败就是自己不行,更不要认定自己不能改变。

那么我们每天要认定什么?认定你也可以有无限兴趣地探索一切,认定所有的有限固定的,都要走向更无限、更广阔的天地,认定我也是可以的。

去认定最好的相处就是,我用无限发展变化的眼光去面对当前有限的一切，才能让一切有限都有无限可能。

去认定走在无限可能的路上最美，走在无限探索路上的人最快乐，走在无限投入生活、工作路上的人最有幸福感。

从有限固定，不断走向无限和谐变化，就是相处之道。

懂得了这个道理，就能理解老子所说的无中生有，无中生有就是用无限的理解，去生发、造就所有有限的可能。

无限相处模式的运行，要不断突破有限固化的思想，也只有这样，才能每天兴致勃勃，走在更无限的美妙天地。

相处之道 | XIANGCHU ZHI DAO

有之以为利,无之以为用

上一章讲了无限相处模式,这一章讲有无相生。老子在《道德经》中写道:"三十辐共一毂,当其无,有车之用。

埏埴以为器,当其无,有器之用。

凿户牖以为室,当其无,有室之用。

故有之以为利,无之以为用。"

第八章　与人相处之道

　　这段文字可以最后总结为："有之以为利，无之以为用。"我觉得最直接的理解就是，所有的有限认知，都是只能应用在瞬间具体中才有用，如果想让瞬间具体的用处发挥更整体长久的作用，就一定要从有限的认识走向无限，这样才能让有限的利，有无限的用。

　　很多道理，就算知道它是对的，但由于不会用，也是白废的。只有把这个道理使用到工作生活中，使其发挥更好的作用，才算真正的学会。

　　这个道理用一个词总结就叫无中生有，或者有无相生。应用到相处之中，便是不管面对的是谁，不管想要干的是什么事，都要在你感觉到有限的无聊或僵硬时，想到走向无限可能。

　　比如和一个人正在聊天，你发现这个天越聊越死板，这就是典型的陷入了瞬间具体有限。陷入瞬间具体的话题，不能走向无限可能，才让你觉得无

相处之道 | XIANGCHU ZHI DAO

聊死板。这时，哪怕是你随便聊聊白云蓝天，也要转移一下话题，透一透新鲜空气进来，这是最简单的修炼，叫作有无相生，也就是说，让有限和有限外面的东西结合。

有人会说，这也太简单了，谁不会啊？如果真的特别精通于这个道理，那你就能做到别人很难做到的。比如与你聊天，你就可以旁征博引，也可以随时深入浅出，如天马行空般带着谈话对象，在道理和奥妙的沟通感受里，乘天地之正，御六气之辩，以游无穷。

日常的修炼，就是从发觉无聊无趣开始出发，从具体瞬间的僵硬有限中，走向更大整体和更长久的世界。

久而久之的修行，持之以恒，就能从感觉里修得越来越微妙，在道理中修得越来越玄通，以达到老子所说："古之善为士者，微妙玄通，深不可识。"

第八章 与人相处之道

这就是天下难事，必作于细的道理。修行一定是从最容易处入手，经过长久修行，自然而然做到微妙玄通的境界。会了不难，难了不会。想学会什么，就一定要找到适合你的最简单的抓手，这样才能把一个正确的道理学成自己的能力。

有之以为利，无之以为用。意思是，具体瞬间的有利，一定要用向更大的整体长久之中，这是有无相生之道，也是万物生生不息的根本规律。

抱一而为天下式

抱一而为天下式,即用阴阳变化之道理解一切,也可以理解为用有无相生理解一切,用多少变化理解一切,更可以用善恶变化来理解,当然也可以用有余不足变化来理解。只要你用的这两个概念是必然相关的两个相反方面,都可以用这一个一体、两个名字的概念,理解所有一切。

第八章 与人相处之道

比如,我正在和一个人聊天,聊到了吃饱饭的感受,我就可以直接沿着饱和饿这一对相反概念,去和他聊所有的变化。我可以这样说:"吃饱了人就不饿了,但吃饱了活下去,一定还会饿,就像我们聊天,这一次聊得很饱,过两天以后又饿了,就还要聊饱聊好才行呀!"

以上的聊天所遵循的就是抱一而为天下式的理念。老子提出抱一而为天下式,就是总结出:真正的道理,就是阴阳两极的和谐相处。所以,任何和谐把握两个极端的道理,都是可以通行一切的把握方式。

有人可能会问,仅仅是会聊天怎么行,我想要发展事业,怎么用这个道理呢?举个例子吧。我面前有一棵树,我不知道公司的发展该何去何从,也不知道当下最该做什么。于是我就用心地体会树,树有我可见的部分,也有我看不见的部分,地面以

相处之道 | XIANGCHU ZHI DAO

上的可见部分不死，其重点在于它的根不死。而我们面对的很难解决的问题，看起来是具体瞬间的表面问题，比如资金不足、人才不足、管理上不到位，等等。但我们存在的根本问题，永远都是人心的问题，永远都是看不见摸不着的认知问题和人的能力问题。最长久之计，就是从根本入手，要永远走在提升团队道德水平的路上，要永远走在提升全员智慧的路上，要永远走在提升全员能力的路上。这三条根本路线走好了，瞬间具体的难处，就将迎刃而解。我的答案是，如果表面问题当下不能彻底解决，就去结更大的网，这张网就是道德之网、智慧之网、能力之网。临渊羡鱼，不如退而结网，这是我们解决任何问题的方向。我所用的道理，就是有无相生，看见有限的问题，也要看见深层的无限可能。这就是用一个道理来理解所有问题，叫作抱一而为天下式。

第八章 与人相处之道

修炼在于平时，在于点滴，在于每个当下的理解和应用。抱一而为天下式的智慧，就是从理解最简单的阴阳开始，从一到万，不断理解、消化和运用。要相信，只要按照正确的去做，就一定会有成就。

提升相处能力，就是要随时能够抱一而为天下式。要有足够的信心，相信先祖的大智慧，要有足够的信心，相信每个人都可以通过修行提升自己的能力。

后面的话

　　我把相处之道中五十一个我认为的重点难点,分享了出来。修身,齐家,治国,平天下,不是一朝一夕的事,需要我们活到老、修到老。

　　希望这样的分享能给读者带来启发。检验一个道理的对与错,只有靠自己去实践,去体悟,正确的自然长留心中。

后面的话

从相处之道出发，我可能还会分享管理之道、成功之道、幸福之道、创新之道，不管是什么道，都是和谐大道，都是执古之道以御今之有。

需要实践来检验真正的道理。解读古圣先贤的大道，读了无数日日夜夜，当懂得了先祖所传之道的美好时，便有了一份责无旁贷的担当。

这就是写在后面的话，如果读者持之以恒地修行，就会懂得这五十一节所指：第一，我们要活得好；第二，我们要让更多人活得好。

在此感恩能够读到最后的朋友，感恩我们可以共同学习祖先的智慧，感恩我们共处同一个伟大的时代。